路上，有最美的风景；风景里，有最动人的文化 >>>

最美中国行

探访古城

一座古城一颗明珠

钟小粤 编著

研究出版社

图书在版编目（CIP）数据

探访古城 / 钟小粤编著
一北京：研究出版社，2013.7
（最美中国行）
ISBN 978-7-80168-822-4
Ⅰ．①探…
Ⅱ．①钟…
Ⅲ．①古城—介绍—中国
Ⅳ．① K928.5
中国版本图书馆 CIP 数据核字（2013）第 153651 号

责任编辑：傅旭清　　责任校对：张璐

出版发行：研究出版社
地 址：北京市东城区沙滩北街二号中研楼
电 话：010-64042001
网 址：www.yjcbs.com　E-mail: yjcbsfxb@126.com
图片提供：北京全景视觉网络科技有限公司
华盖创意（北京）图像技术有限公司
经　销：新华书店
印　刷：北京鑫海达印刷有限公司
版　次：2013年9月第一版　2013年9月第一次印刷
规　格：710毫米×990毫米　1/16
印　张：13印张
字　数：180千字
书　号：ISBN 978-7-80168-822-4
定　价：34.00 元

前言

FOREWORD

中国自古就有“观乎人文，以化成天下”的思想，这句话简单来说就是观察人类文明的进展，就能用人文精神来教化天下。这是儒家的思想，如今细细思索，依然发人深省。文化是一个民族的底色，它融入在这个绚烂多姿的世界的各个角落；它让百川大山、人文景观闪耀着光芒；它教人们拥有广阔的胸襟、海量的气度。因此，踏上旅途，探寻文化，是具有深刻意义的。为此，我们特意编撰了《最美中国行》系列丛书，为你解读隐藏在中华大地表象之下的深刻文化内涵，让你看到一个更丰富多彩的中国。

《探访古城》是《最美中国行》系列丛书之一，它从十个角度细致描写了我国61个历史名城的人文景观、风俗人情，展现了历史遗留的特色文化。我国地大物博，胜景无数，然而对于繁忙的你，这些底蕴深厚的文化名城无疑才是你短暂休憩的最佳去处。它们遍布在各个省市，独守着那深邃的文明，等待你的到访。通过此书，你可以深入欣赏到恢弘的金陵帝王州，中岳庙的千年道场，雄风飞扬的大漠古城，静谧的“江南第一宅”，还有“关踞险为雄”的山海关……那里风雨昭昭，城池不改；古刹菊香，韶乐绕梁；曲水涓涓，毡房座座；小莲庄碧荷千亩，漓江描画百里，如梦如幻。

本书的内容不同于其他的旅游书籍，并非单纯写景或者单调叙事，也不是一本旅游攻略，而是着眼于“文化”，用一个个引人入胜的故事和名人事迹巧妙地将各处美景串联起来，让名人、历史和风俗人情为你导航。精炼的述说，一目了然、生动有力，让人回味无穷。文章的语言通俗中带有隽永的诗意，浏览也罢，吟诵也罢，都是美妙的享受，让人仿佛身临其境。值得一提的是，全文精心选配了大量令人震撼、眼前一亮的图片，这些图片都由专业摄影师拍摄，还原了各大古城真实的面貌，你大可按图索骥，跟随它们的脚步，在富有诗意的文字和精彩的照片中畅游，并探寻这底蕴深厚的古城。此外，我们还特意在每个章节最后添加了小版块栏目，补充了一些精短的传说典故，丰富了景点内涵，也让你的阅读增加了趣味性。

读罢此书，一座座古城会在你眼里变得鲜活起来，有了品格和心性，同时你也会知道文化不是束之高阁的东西，它就在我们行走的每一寸土地上。很多时候，一方古鼎，并不只是一件器具，它凝结了无数人的智慧和时代文化，还有象征意义，需要你静下心来在书里体会。在此，我们希望这本书能够成为你旅途中的良伴、一扇窗户，带你进入一个更为古雅博大的世界，看到更多不为常人所深知的东西。如果你不是身在旅途，那让你的心去旅行一次吧，去领略历时几千年的自然精华和人文精华！它一定能带你跨越时空、跨越地域、遨游历史，提高你的精神内涵，让你拥有更为畅达的情怀。

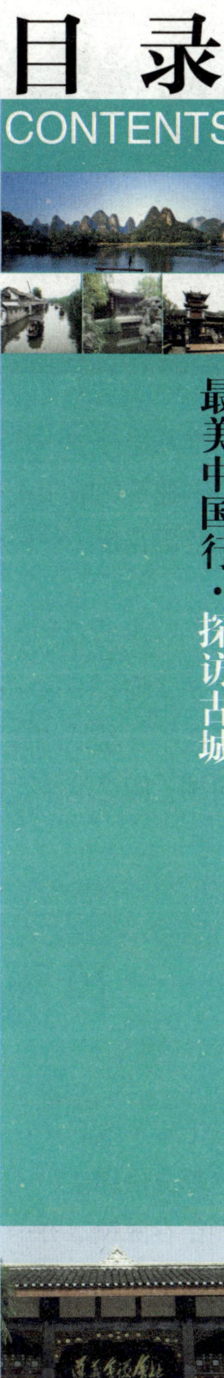

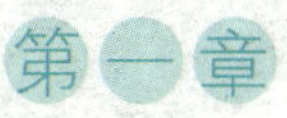

古都的悠悠岁月

北京

西安

开封

洛阳

南京

杭州

第二章

风雨昭昭，城池不改

邯郸

阆中

目录

CONTENTS

最美中国行·探访古城

目录

CONTENTS

最美中国行·探访古城

广州

延安

第五章 边塞大漠行

张掖

敦煌

吐鲁番

一个地方，一种文化

安阳

新郑

登封

同仁

目录
CONTENTS

建水

永定

西递和宏村

名人故里看风流

曲阜

目录

CONTENTS

最美中国行·探访古城

第九章 小镇枕水话江南

周庄

乌镇

甪直

目录

CONTENTS

元阳

桂林

阿坝

张家界

第一章 古都的悠悠岁月

【北京】

从北京人到北京城

北京是中华人民共和国的首都，是全国的政治中心、文化中心和进行国际交往中心。它既是一座蓬勃发展的现代化大都市，又是一座历史悠久的名城古都。

早在原始社会时期，北京地区的自然环境优越，气候温和、水甘土厚、林木茂密，以北京猿人为代表的古人类就生活于此。人们在今北京市西南房山区周口店镇龙骨山北部就发现了古人类的化石。

奴隶制社会时期，北京地区出现了国祚延续1000多年（自商代到春秋中期）的诸侯国——蓟国。蓟国定都于蓟城，即今北京市区西南广安门一带，这一带附近至今仍有以“蓟”命名的地方，如蓟门桥。但是春秋中期（约公元前7世纪左右），蓟国为燕国所并，燕遂迁都蓟城。

至封建社会时期，由于北京势踞形胜，地处要冲，内跨中原，外控朔漠，是华北地区与东北、内蒙以至西北联系交往的枢纽，因而成了当时北方的军事重镇。秦始皇统一中国后，在当时还称作“蓟城”的北京地区修筑了经北京向东、东北、西北的驰道，构成北京对外交通的基础，成为驿道和驿站之始。

到10世纪，契丹崛起于蒙古高原，建立辽朝。唐末五代十国时期，在接受后晋所献燕云十六州后，辽朝以幽州为陪都，从而拉开了北京为都城的历史序幕。辽朝的陪都即“辽南京”，也称“燕京”，是在唐代幽州城的旧城址上建立起来的，人口最多，经济最发达，城内北部设有市场，陆海百货，云积山屯。辽帝利用北京优越的地理条件，“秋冬违塞，春夏避暑”，在城郊一带建起了多处宫苑。

后至明朝，二十岁就藩居北平的燕王朱棣经靖难之变夺得皇位，随即改北平为北京，现在的北京也从此得名。后永乐十九年正月，明朝中央政府正式迁都北京。此后，明朝的大部分时期和清朝的整个时期都定都于北京。

随着光阴的流逝，新中国的成立拉开了北京作为都城的新篇章。而今，这个荟萃了几千年中华文化，拥有众多名胜古迹和人文景观的城市，正以古老沧桑而又活泼向上的面貌向世人展示着它无与伦比的风采。

★★★ 门与城的记忆 ★★★

人人都说北京城是“八臂哪吒城”，这究竟是怎么一回事呢？原来与一个流传已久的民间传说有关。

相传明朝时候，皇帝要在迁都北京，可这里潜伏着一条孽龙，十分厉害，没人能降伏得了。为了镇住孽龙，大军师刘伯温左思右想，最后按照八臂哪吒的模样，在图纸上画出了这“八臂哪吒城”。

军师姚广孝向刘伯温请教什么是八臂哪吒城。刘伯温说：“这正南中间的一座门，叫正阳门，是哪吒的脑袋；有脑袋嘛，就应该有耳朵，它的瓮城东西开门，就是哪吒的耳朵；正阳门里的两口井，是哪吒的眼睛；正阳门东边的崇文门、东便门、东面城门的朝阳门、东直门，是哪吒半边身子的四臂；而正阳门西边的宣武门、西便门、西面城门的阜成门、西直门，则是哪吒另外半边身子的四臂；北面城门的安定门、德胜门，正好是哪吒的两只脚。”姚广孝又问：“这个哪吒没有五脏，空有八臂，行吗？”刘伯温一指图纸：“你看，那城里四方形儿的皇城，是哪吒的五脏；皇城的正门——天安门是五脏口；从五脏口到正阳门哪吒脑袋，中间这条长长的平道，是哪吒的食道。”姚广孝笑了，慢条斯理地说：“我知道大军师画得细致，那五脏两边的南北大道是哪吒的大肋骨；大肋骨上长着的小肋骨，就是那些小胡同了，是不是？”

就这样，北京城便建成了人们口中所说的“八臂哪吒城”。

★★★ 故宫深似海 ★★★

话说“八臂哪吒”的五脏，那四方形儿的皇城，便是故宫。故宫始建于1406年，至明永乐十八年（1420年）基本竣工。作为明、清两代的政治中心，这里居住过24个皇帝。故宫又称“紫禁城”，“紫”源自星宿三垣之分中的“紫微垣”，意为“太平天子当中坐，清慎官员四海分”，说明皇宫是人间的“正中”。而皇宫又是等级森严的封建社会中最高级别的“禁区”，“禁”字便由此而来。这都体现了皇权的至高无上与皇室的无比尊严。

故宫规模宏大，占地面积72万平方米，拥有殿宇8707间，是世界上现存最大、最完整的古代皇家建筑群。俯瞰故宫的格局：一条中轴线从午门贯穿神武门，城墙4座角楼巍然耸立；沿中轴线，“三大殿”（太和殿、中和殿、保和殿）和“后三宫”（乾清宫、交泰殿、坤宁宫）坐北朝南，秩序井然。三大殿是皇帝施政和百官议政的主要场所，天下大计皆从此出，称为“前朝”；而后三宫则是帝后的起居之所，妃嫔争宠多发于此，称为“内廷”。如果从空间上比较，前朝是内廷的四倍，比例为9:5，象征着“九五之尊”。

行走于故宫深苑，那金碧辉煌的太和殿威武庄严。几百年前，皇帝与朝臣在此议论朝政，操控着整个宏大帝国的运转。殿前匾额上，“正大光明”四个大字闪闪发光，藏在匾额后的皇帝遗诏决定着帝国将来的继承人以及后续王朝的命运。围绕权力替换交接，几多刀光血影发生，“争国本”，“梃击案”历历在目。就是在这座大殿上，于谦舌战群雄，力挽狂澜，领导北京保卫战，为挽救大明江山作出了卓越贡献。

内廷养心殿东暖阁也是个有故事的重要地方。一道帘子静静地垂在那里，阻隔了里边与外边。帘子内暗外明，里面看外面，一目了然；外面看里面，就是这道帘子，见证了慈禧操纵朝政48年之久，见证了傀儡皇帝光绪被囚禁，见证了八国联军侵华，见证了一个王朝走向没落。至清末溥仪被驱逐出紫禁城，封建王朝

一入宫门深似海，在故宫辉煌的大门之内，锁着古老中国多年来最奢华的权利梦。

的历史画上了句号，迎来了新的历史纪元。

★★★ 胡同深深 ★★★

至于“八臂哪吒”的小肋骨，那些小胡同，可是老北京的符号，它们历经沧桑却又韵味悠长，让我们在惊讶的同时，更让我们赞叹。

北京胡同形成的历史可以追溯到1276年。当时，元朝的金中都毁于战火，统治者便在原址东北部，按《周礼》的原则建立了“状如棋盘”的新都城，并于1285年2月“诏旧城居民之迁京城者，以高及居职者为先，乃定制以地八亩为一分；其或地过八亩及力不能作室者，皆不得冒据，听民作室。贵族功臣，悉受封地，以为第宅”。于是，新都城内盖起了房屋及院落。这一间间房屋、一个个院落，一个挨一个盖起来，连起后就是一排排的，而一排与另一排之间要采光、通风，还得留出进出的通道，从此，便形成了大街、小街和胡同。

自元大都以来形成的老北京胡同，多呈棋盘式格局。它们的走向多为正东正西，宽度一般不过九米。从地理位置来划分，如今前门以北的胡同一般较宽，规划也比较整齐，而前门以南的胡同就相对窄小并且杂乱。这是因为在清代，清朝政府为了安全起见，不允许外来人员住在京城内，外地人都集中住在前门和崇文门外，也因此形成了前门商业区；在外来人员中，许多是来京赶考的举人，因此，还形成了琉璃厂文化街。

那么，北京城到底有多少条胡同呢？是不是像“卢沟桥的狮子——数不清”呢？老北京人的回答是“大胡同三千六，小胡同如牛毛”。从元代开始形成，经过明朝的不断发展，在清朝时期，北京大约已有街巷胡同二千零七十七条，其中直接称为胡同的就有九百七十八条之多。至二十世纪八十年代，据张清常写《再说胡同》一文时统计，北京的街巷胡同总数为六千零二十九条。

乍一看，这么多的胡同都是灰墙灰瓦，一个模样，但其内在特色却各不相同。因为它们不仅是城市的脉搏，更是北京普通老百姓生活的场所，是京城历史文化发展演化的重要舞台。胡同记下了历史的变迁、时代的风貌，并蕴含着浓郁的文化气息，好像一座座民俗风情的博物馆，在人们的记忆中烙下了各种社会生活的印记。

【西安】

兵马俑，以帝国作陪葬

西安，古称“长安”、“京兆”，是举世闻名的世界四大古都之一，是中华民族的摇篮、中华文明的发祥地。据《广博物志》、《述异志》、《山海经》等记载，传说中的盘古开天辟地、女娲补天等故事都发生在这里。考古证实，早在旧石器时代，这里就是蓝田猿人的聚居区；新石器时代早期，这里已经形成了原始部落“华胥古国”、“半坡”、“姜寨”、“灰堆坡”等。西周时期，周文王和周武王先后在丰（今西安长安县沣河以西）、镐（今西安长安县沣河以东）两地建都，历史上合称为“丰镐”。当然，西安最著名的古迹当属位于临潼以东骊山之北的秦兵马俑了。

纵观整个兵马俑，其雕塑艺术成就完全达到了一种完美的境界，它们再现了2000年前秦军奋击百万、气吞山河的景象。那数千名手执兵器的武士，数百匹曳车的战马，一列列、一行行，构成规模宏伟、气势磅礴的阵容。武士中有头挽发髻、身穿战袍、足登短靴、手持弓弩、似为冲锋陷阵的锐士；有免盔束发、外披铠甲、背负铜镞、似为机智善射的弓箭手；有头戴软帽、穿袍着甲、足登方口浅履、手持长铍、似为短兵相接的甲士。还有身穿胡服、外着铠甲、头带软帽、跨马提弓的骑士；两臂前伸、双手握髻、技术熟练的御手；穿战袍、着长甲、手执无钩武器的下级指挥官；身着彩色鱼鳞甲、双手扶剑、气度非凡的将军。

这千百个栩栩如生的官兵形象，不只在穿着方面有所不同，它们的脸型、身材也有区别，这大概是因为统一六国之后，秦国实行全国征兵制，兵源来自全国各地。有人说，秦兵马俑是整个秦朝帝国的翻版，是一个被搬入地下的人间繁华世界的缩影，秦始皇不知不觉之间竟用整个大秦帝国来给自己作陪葬。

大小雁塔的盛唐佛光

如果说，兵马俑代表着秦文化，那么坐落于今西安市和平门外4千米处大慈恩寺内的大雁塔和与其东西相向、位于今西安市南约1千米处荐福寺内的小雁塔就是盛唐时期国力富强的写照。

大雁塔是唐朝佛教建筑的艺术杰作。它初建时五层，表面砖砌，土心，后来塌毁，重建时改为十层，唐武则天长安年间（701~704年）改建为楼阁式的青砖塔，七层，平面呈正方形，由塔基和塔身两个部分组成。塔基边长48米，高4.2米，其上是塔身，边长25米，高59.9米，塔基和塔身通高64.1米。塔身各层壁面都有砖砌扁柱和阑额，柱的上部施有大斗，并在每层四面的正中开辟出砖券的大门。塔内的平面也呈方形，各层均有楼板，设置扶梯，可盘旋而上至塔顶。

塔基座的南侧镶嵌有唐太宗撰写的《大唐三藏圣教序》和唐高宗撰写的《大唐三藏圣教序记》碑二通，都是由唐代著名书法家褚遂良所书，字体清秀潇洒，是唐代的两通名碑。西面石门楣上，雕刻有建筑图案和佛像等线刻画，画面布局严谨，线条遒劲流畅，传说出自唐代著名画家阎立本和尉迟乙僧之手，是研究我国古代建筑的重要资料。

小雁塔同大雁塔一样，也在向世人展示着盛唐佛光。它是密檐式方形砖构建筑，初建时为十五层，高约46米，塔基边长11米，塔身每层叠涩出檐，南北面各辟一门。塔身从下往上逐层内收，形成秀丽舒畅的外轮廓线。塔的门框用青石砌成，门楣上用线刻法雕刻出供养天人图和蔓草花纹的图案，雕刻极其精美，反映了初唐时期的艺术风格。塔的内部为空筒式结构，设有木构式的楼层，有木梯盘旋而上可达塔顶。明清两代时，小雁塔因遭遇多次地震，塔身中裂，塔顶残毁，现在仅存十三层。由于小雁塔的造型秀丽美观，各地的砖石结构密檐塔都争相仿建，在云南、四川等地区的唐、宋时期的密檐塔，很多虽各具地方特色，但仍可以看出与小雁塔的继承关系。

★★★ 洗尽铅华清池水 ★★★

除了大小雁塔之外，西安还有一处值得一提的唐代建筑，那便是华清宫。华清宫本名骊山温泉行宫，据史书记载初为秦始皇所建。747年，唐玄宗改温泉行宫为华清宫，同时下令大兴土木，修造亭台殿阁，布设园林美景。

今天的华清宫占地已达80多万平方米，其豪华与宏大，通过罗城（即宫城）可见一斑。该城分设四门，以南北门相对为中轴线，宫墙内以墙相隔为三个区，东区有瑶光楼、飞霜殿、九龙殿、梨园。在这个梨园里，唐玄宗与杨贵妃教习梨

园弟子演练，因此，也是我国戏曲的一个重要发展之地。中区有前殿、后殿、太子汤、少阳汤、尚食汤等。北门外有观风楼、重明阁、斗鸡殿、按歌台、王母祠等建筑。再外布置有寺观，再东布置有球场、舞马台、斗鸡场等游乐设施。

但华清宫最令人向往的，还是那“春寒赐浴华清池，温泉水滑洗凝脂”的汤池。1982~1986年，这里进行考古发掘，清理出汤池8个。其中2号池为上下双层台式，上层台缘作莲花形，东西10.6米，南北6米，池深0.8米；下层台缘为八角形，深0.7米，推测为唐玄宗的御汤九龙殿，又名莲花汤。位于2号池西的4号池，平面形状酷似海棠花，应是唐玄宗为杨贵妃所修之海棠汤，又名芙蓉汤。

据记载，在唐玄宗时代，他先后到华清宫49次之多。尤其在天宝十年（751年）冬天，唐玄宗与杨贵妃在华清宫居住96天。那时的华清宫行宫成了帝王的临时办公场所，也成了唐玄宗时代的临时政治中心。但就在安史之乱后，这座盛极一时的行宫走向了没落。唐代以后，由于久经战火与岁月风雨的剥蚀，华清宫开始淡出了文人墨客的视线。从此，它逐渐淹没在历史的长河之中。

往事如烟似梦，任岁月蹉跎，今天的华清池依旧绿水悠悠。

★★★ 五切明城墙 ★★★

岁月如梭，时光推移到了元末明初。在明太祖朱元璋攻克徽州后，一个名叫朱升的隐士便告诉他应该“高筑墙，广积粮，缓称王”。朱元璋采纳了这些建议，当全国统一后，他便命令各府县筑城。但朱元璋以为“天下山川，惟秦中号为险固”，于是，西安古城垣便在这个股筑的热潮中，由都督濮英主持，在唐皇城旧城基础上扩建起来。

最初，明代扩建的西安城墙完全用黄土分层夯打而成，最底层用土、石灰和糯米汁混合夯打，异常坚硬。至明隆庆二年（1568年），陕西巡抚张祉又在整个城墙内外壁及顶部砌上青砖，并且还在城墙顶部每隔40~60米用青砖砌成一道水槽，用于排水，这对城墙的长期保护起了非常重要的作用。

西安明城墙的防御性很强，城外四周环绕着又宽又深的护城河，为第一道防线。河上设有吊桥，是进出的唯一通道。吊桥白天降落在护城河两岸，供人出入，晚上则升在空中，断绝了进城的道路。城门外用以打更和报警的闸楼（也叫谯楼），是第二道防线。闸楼后边是箭楼，高30余米，外面墙体笔直，箭孔密布，便于瞭望和射击，这是第三道防线。而箭楼和正楼之间是瓮城（也叫月楼），它的面积有9348平方米，其作用是若敌人攻进，即形成“瓮中捉鳖”之势，这是第四道防线。最后的第五道防线自然是正楼，也就是正城门了。

除了正城门设防严密外，西安明城墙的四个拐角还修有角楼。角楼的作用是辅助城门，观察和防御四面外来之敌。而且，整个城墙外侧，每隔120米还有一座马面（也叫墩楼）。这些马面宽20米，从城墙向外伸出12米，高低、结构和城墙相同。城墙和马面上另还有女儿墙，墙上有既能藏身又能瞭望、射击的凹口和方孔。

开封

★★★ 兵燹水患“城摞城” ★★★

在我国古代都城的发展史上，有一个颇为有趣的现象：大部分都城在兵火战乱之后、城毁国亡之时，都采取了抛弃旧都城、另选地址营建新都城的做法。而古称东京（亦有汴梁、汴京之称），为我国七大古都之一的开封，虽历经兵燹水患，但基本上都是在旧城址上屡毁屡建，又屡淹屡建，从而形成了奇特的“城摞城”现象。

“水能载舟，亦能覆舟。”如果要用一句话来概括开封“城摞城”奇观形成的原因，来概括开封千百年来兴衰更替的根源，那就是：成也黄河，败也黄河。开封作为一座城市，历史上的第一个辉煌时期当属战国时代的魏都大梁城。当时的魏惠王之所以选中开封建都，与该地区距黄河、济水不远，水道四达有密切关系。他迁都大梁不久，就组织大批人力在附近开凿了一条人工运河，即历史上有名的鸿沟。然而，也正是由于这条鸿沟，导致了大梁城被毁——在秦统一六国的

画家张择端的传世名画《清明上河图》，描绘的便是北宋宣和年间，世界最大城市汴京的繁盛景象。

战争中，曾在大梁城下展开过一场激战。由于久攻不下，秦兵便经黄河引鸿沟水倒灌大梁城，水围3个月后，繁盛一时的大梁城遂化为一片废墟，这也是开封第一次因水患而遭到的“灭顶之灾”。

从鸿沟演变而来的汴河，成为后来京杭大运河的重要组成部分。而在开封发展史上处于最鼎盛时期的北宋王朝之所以定都于此，其中一个最重要的原因也与河——汴河有关。那时的汴河已成为连接南北交通的一条大通道，从而给开封带来了空前的繁荣。只是开封属黄河中下游流域，黄河穿过世界上最大的黄土高原后，进入广阔的华北平原，由于地势平坦，流速减缓，从中上游带来的巨量泥沙至此便大量沉积下来。到了开封境内，这种沉积现象更为明显，使开封城形成了“城在釜底，仰视黄河”的状况。而且黄河下游水患威胁历来最为严重，北抵天津，南达江淮，在25万平方千米的扇形大平原上，两千多年间几乎到处都有黄河决溢、改道留下的痕迹。因为黄河水患的缘故，加之风沙、兵火的侵扰，作为一代雄城的北宋东京城（故址）也逐渐被泥沙掩埋，从地面上消失了。

黄河的一次次吞噬直接使开封数座古城深深淤埋于地下。然而，又因为黄河泥沙这层厚厚的“被子”，这些古城才得以免遭更多的摧残而较完整地保存了下来，留给今人一份丰厚的文化遗产。每念及此，真让人不禁感慨：开封城，城摞城；成也黄河，败也黄河。

★★★ 潘杨湖底，大宋皇宫 ★★★

历史的长河把开封塑造成几座古都叠压在一起的“城摞城”世界奇观。但开封不仅城墙摞城墙，道路摞道路，更为精华的应该是龙亭潘杨湖底“宫殿摞宫殿”这一稀世奇观。

在开封著名的龙亭大道两旁，有东西对峙的潘杨二湖，湖水一浊一清。据说，这是因为东湖曾经为宋朝太师潘美的府第，潘美陷害忠良，性情奸佞，所以，潘家湖湖水浑浊不堪；而西湖原本是宋朝抗辽名将杨业的府第，杨业舍身救国，忠君不二，所以，杨家湖湖水清可见底。只是谁又能想到，这烟波浩渺的潘杨二湖，竟曾是昔日金碧辉煌的皇宫大殿所在地。

在一次偶然的湖底清淤工程中，“湖底宫摞宫”的神秘面纱逐渐被揭开。随后的考古发掘最终印证了史书中有关开封龙亭一带建有宫廷建筑群的记载，证实了在开封广为流传的“开封城摞城，龙亭宫摞宫，潘杨湖底深藏几座宫”的民间谚语，再现了大宋皇宫的建筑遗址。

经考古发现，位于开封潘杨湖底的北宋时期皇帝的议事殿阁和寝宫所在地——北宋皇宫（又称皇城、宫城、大内、禁中等），呈东西略短、南北稍长的长方形，四墙总长2500米左右。在皇宫遗址的前半部中轴线上，是东西宽约80米、南北长达60多米但仅残留6米左右的宋宫正殿——大庆殿的建筑台基，其位置、规模、深度及出土遗物，均与文献记载相符。

并且，在考古发掘过程中，还于潘家湖西南部发现了一座面向东西穿心殿式的皇宫宫门，这就是“左太和门”遗址。根据《宋史·地理志》和《宋会要·方域》记载，左太和门在宋初叫“日华门”，大中祥符八年（1015年）改曰“左太和门”。它是出入大庆殿的东侧门，两厢有耳房，四周挑檐出厦，耳房南北两侧有长廊连接。这座宏伟壮丽的皇宫侧门，从建筑规模、建筑体量和建筑形式上都可和今天北京故宫的东华门相媲美。单从这一侧门遗址来看，我们就可以想象出北宋皇宫当年巍峨壮丽的样子。

★★★ 古刹菊香 ★★★

北宋时期，开封作为都城东京，不仅是当时我国的政治、经济中心，也是全国的文化中心。此时的佛教文化广为流传，位于今开封市中心的大相国寺就见证了这段历史。

大相国寺为北宋时开封最大的佛寺，深得厚遇。自至道元年（995年）开始大规模扩建，到咸平四年（1001年），用了七年时间才完工。扩建后的大相国寺占地36万多平方米，殿阁庄严绚丽，僧房鳞次栉比，花卉满院，被赞为“金碧辉映，云霞失容”。从此，大相国寺成为皇帝平日观赏、祈祷、寿庆和进行外事活动的重要场所，素有“皇家寺”之称。不少国外僧人也慕名而来相国寺进行文化交流活动：宋太祖时，印度王子曼殊室利出家为僧，后来到中国，在相国寺居住多年；宋神宗熙宁七年（1074年），朝鲜的崔思训带了几位画家来寺，将寺内所有壁画临摹回国，后日本僧人成寻也曾在寺中居住；宋徽宗时，将“大相国寺”匾额赠送给朝鲜使者。

只是宋以后，大相国寺日趋萧条。直到新中国成立，依循古制，几度维修，宝刹重光，再现辉煌。自1992年起，大相国寺恢复了佛事活动，并复建了钟鼓楼、放生池、山门殿、牌坊等建筑。如今的大相国寺，不仅以它古往今来的盛名为人们所向往，而且成了开封重阳赏菊的好去处。

说起这菊花，那可是开封市的市花。开封种植菊花源远流长，可以追溯到1600多年前的南北朝。唐宋时期，开封菊花就已经驰名全国，明清尤盛，绵延至今。“黄花遍圃中，汴菊最有名。”清乾隆皇帝来开封赏菊时亲赋诗词，留下“风叶梧青落，霜花菊百堆”的美句。在开封禹王台，至今还留有乾隆的咏菊诗碑。每到秋季，古城开封秋风送爽，菊花飘香，到处繁花似锦，蔚为壮观。“花以景衬，景以花容”，人们置身于菊花的海洋里，如痴如狂，真是“十月花潮人影乱，香风十里动菊城。”

★ 菊花簇拥下的大相国寺金佛

洛阳

三代之居，五都荟洛

洛阳，简称“洛”，因地处古洛水北岸而得名。它立河洛之间，居天下之中，既禀中原大地敦厚磅礴之气，又具南国水乡妩媚风流之质。自盘古开天辟地之后，三皇五帝以来，洛阳以其天地造化之大美，成为天人共羡的神都。

位处河洛流域的洛阳是华夏文明的重要发祥地。我国古代伏羲、女娲、黄帝、尧、舜、禹等神话传说多传于此。同时，洛阳也是我国五千年文明历史中最为古老的帝都王城，华夏、中华、中土、中国、中原、中州等称谓均源自于古老的洛阳城和河洛文明。据考古研究，洛阳二里头遗址距今大约有三千五百至三千八百年，也就是说它处于我国历史上的夏、商时代。在二里头遗址上层发现的一处规模宏大的宫殿基址，被认为是夏朝都城的遗址，难怪有人说洛阳是“三代之居”。

洛阳还有“九朝古都”之说，这里的“九”包含有“多”、“最多”之意。的确如此，洛阳在历史上曾长期作为我国的政治、经济、文化中心，是我国建都年代最早、朝代最多、时间最长的古都——在夏、商、西周、东周之后，曾有东汉、曹魏、西晋、北魏、隋、唐、后梁、后唐等多个朝代在此建都。

这些王朝在如今洛河沿岸、东西不足50千米的范围内，留下了二里头、偃师商城、东周王城、汉魏故城和隋唐洛阳城五座都城遗址，被称为“五都荟洛”。这五大都城遗址包含了自夏至唐近三千年中华文明重要起源与发展阶段的大规模遗存。如此密集的古代大型遗址，文化关联又如此密切，时间跨度如此之长，这在世界范围内都极为罕见，真是“欲知古今兴废事，请君只看洛阳城”。

白马寺听钟

在这十三朝古都东郊的一片郁郁葱葱的长林古木之中，有一座被称为“中国第一古刹”的白马寺。这是一座一千九百多年前建造在邙山、洛水之间的寺院，以它那巍峨的殿阁和高峭的宝塔著称于世。

白马寺是佛教传入我国后由官方营建的第一座寺院。它的营建与我国佛教史上著名的“永平求法”紧密相关。相传汉明帝刘庄夜寝南宫，梦见一位全身金色的神人飞绕殿庭，次日得知梦到的是佛，于是遣使臣蔡音、秦景等前往西域拜求佛法。蔡、秦等人在月氏（今阿富汗一带）遇上了来自天竺（古印度）的高僧迦什摩腾、竺法兰，于是邀请高僧到汉朝宣讲佛法，并用白马驮载佛经、佛像，跋山涉水，于永平十年（67年）来到京城洛阳。汉明帝敕令仿天竺式样修建寺院，为铭记白马驮经之功，将寺院取名“白马寺”。从白马寺始，我国僧院便泛称为寺，白马寺也因此被认为是我国佛教的发源地。我国历代高僧甚至外国名僧亦来此览经求法，所以，白马寺又被尊为“祖庭”和“释源”。

自建寺以来，白马寺几度兴废、几度重修，尤以武则天时代兴建规模最大。这时，佛教极盛，殿堂巍峨的白马寺曾有僧众千余名，僧人们每天早晚都会按时上殿诵经。每当月白风清之夜，晨曦初露之时，殿内击磬撞钟诵佛，钟声悠扬飘荡，远闻数里，听之使人心旷神怡，正是应了那句“时闻清磬落空蒙”。而且，

★洛阳白马寺

据传寺内大钟与洛阳东大街钟楼上的一口钟音律一致，可以共鸣。人们往往在听到白马寺钟声之后，紧接着听到从洛阳城钟楼上传来的钟声，因此，洛阳民间还流传着“东边撞钟西边响，西边撞钟东边鸣”的佳话。

★★★ 精绝龙门石窟 ★★★

人人都说白马寺钟声悠扬飘荡，远闻数里，不知洛阳城南6千米处能否听到。这里香山和龙门山两山对峙，伊河水从中穿流而过，古称“伊阙”。隋炀帝迁都洛阳后，把皇宫的正门正对伊阙，从此，伊阙便被人们习惯性地称为龙门。龙门之处，石质优良，宜于雕刻，故而古人择此而建石窟。因此，青山绿水、万象生辉之间，伊河两岸东西山崖绝壁上的窟龛星罗棋布、密如蜂房。

龙门石窟最早开凿于北魏孝文帝迁都洛阳之际（493年），是北魏、唐代皇家贵族发愿造像最集中的地方，是皇家意志和行为的体现，具有浓厚的国家宗教色彩。两朝的造像反映出迥然不同的时代风格，北魏造像脸部瘦长，双肩瘦削，胸部平直，衣纹的雕刻使用平直刀法，坚劲质朴。这是因为北魏时期人们崇尚以瘦为美，所以，佛雕造像也追求秀骨清像式的艺术风格。

而在唐代，人们以胖为美，唐代的佛像脸部浑圆，双肩宽厚，胸部隆起，衣纹的雕刻使用圆刀法，自然流畅。龙门石窟的唐代造像继承了北魏的优秀传统，又汲取了汉民族的文化精华，创造了雄健生动而又纯朴自然的写实风格，达到了佛雕艺术的顶峰。唐代龙门石窟的重点洞窟中，以规模宏伟、气势磅礴的大卢舍那像龛群雕最为著名。这座依据《华严经》雕凿的摩崖式佛龛，以雍容大度、气宇非凡的卢舍那佛为中心，用一周极富情态质感的群体美术形象，将佛国世界充满祥和色彩的理想意境烘托得淋漓尽致。这组雕像体现了大唐帝国强大的物质力量和精神力量，代表了唐代雕刻艺术的最高成就。

★★★ 曾是洛阳花下客 ★★★

洛阳不仅是我国古代佛教发扬之地，而且也是一座在世界上唯一能号称“国色天香”的古都。它得天独厚的地理位置为有着“国色天香”、“花中之王”美称的牡丹的繁衍生息提供了良好的自然条件。

“洛阳地脉花最宜，牡丹尤为天下奇”，由于洛阳气候温和，雨量适中，土地肥沃，加之园艺大师们巧植善种，培育出了许多色、形皆佳的珍品，使牡丹变异千种，名品日增，誉满全国，于是有“洛阳牡丹甲天下”的说法。自古洛阳人爱花成俗，邵雍的“洛阳人惯见奇葩，桃李开花未当花。须是牡丹花盛发，满城方始乐无涯”的名诗，正是这种习俗的真实写照。

但是，拜倒在洛阳牡丹花下的何止是洛阳人，更有那些文人学士和骚人墨客，他们从来就不吝笔墨，将对牡丹的美好情感尽叙于篇章。所以自隋唐以降，洛阳牡丹独步天下，吟咏、歌颂洛阳牡丹的诗作层出不穷。例如，唐朝刘禹锡的《赏牡丹》：“庭前芍药妖无格，池上芙蕖净少情。唯有牡丹真国色，花开时节动京城。”皮日休的《牡丹》：“落尽残红始吐芳，佳名唤作百花王。竞夸天下无双艳，独立人间第一香。”还有北宋欧阳修的《戏答元珍》：“春风疑不到天涯，二月山城未见花。残雪压枝犹有橘，冻雷惊笋欲抽芽。夜闻归雁生乡思，病入新年感物华。曾是洛阳花下客，野芳虽晚不须嗟。”

【南京】

★★★ 金陵帝王州 ★★★

有诗云："江南佳丽地，金陵帝王州"，位于长江中下游沿岸的南京别称金陵，它襟江带河，依山傍水，是"六朝古都"之所在。

自229年东吴孙权迁都建业（今南京）以来，历史上先后有东晋、宋、齐、梁、陈等王朝在这里建都，它们给南京带来了一度的繁华，如今在南京城内还有数不清散落的遗迹可考、可赏、可叹……例如，东郊的清凉山，古称石头山，三国时期孙权曾于山上建有石头城，一直是古代江防的要塞。相传诸葛亮在赤壁之战前夕出使东吴时，还与孙权并驾观察这里的山川形势，并赞叹说："钟山龙蟠，石城虎踞，真乃帝王之宅也。"

此后朝代更迭，1356年，朱元璋改集庆（元时对南京的称谓）为应天府作为根据地，并自称为吴国公。到1368年，朱元璋在应天府称帝，并且把国都定在了这里。后来，他与皇后马氏也合葬在了明孝陵中。明孝陵位于今南京城东郊紫金山南麓独龙阜玩珠峰下，是现存建筑规模最大的古代帝王陵墓之一。作为明陵之首的明孝陵既继承了唐宋及之前帝陵"依山为陵"的制度，又通过改方坟为圜丘，开创了陵寝建筑"前方后圆"的基本格局。后来这种帝陵建制规范一直影响着明清两代五百余年二十多座帝陵的建筑格局。只是历经了六百多年的沧桑，现今明孝陵许多建筑物的木结构已不存在，但陵寝的格局仍保留了原来恢弘的气派，地下墓宫也完好如初。

明朝之后，太平天国、中华民国也先后定都南京，加上五代时的南唐，南京又有"十朝都会"之称。如此辉煌的都城史，使南京到处都有历史打磨的痕迹。著名文学家朱自清先生游历南京后曾写下一文，其中就有这样一段评价："逛南京像逛古董铺子，到处都有些时代侵蚀的痕迹。你可以揣摩，可以凭吊，可以悠然遐想……"

★★★ 万种风情自秦淮 ★★★

在众多的南京人和外地人心目中，秦淮似乎是个永恒的话题。它是古城金陵的起源，又是南京文化的摇篮，造就了南京的文化积淀。自古南京历史上就不乏对秦淮河的记载，无论是叹咏，抑或是传说，这条穿城而过的河流给南京留下了无数美妙的诗篇。数十年前，朱自清和俞平伯的两篇同名散文《桨声灯影里的秦淮河》更是传为佳话。如今，画舫依旧，秦淮两岸的风景却更加迷人了。特别是夜晚的秦淮河畔，宛如半掩素纱的娇娘，朦胧中带着几分妩媚，恰如一首诗中所说：十里秦淮，十里珠帘。

夜晚赴码头乘舟，首先映入眼帘的是始建于明朝万历年间的一方照壁。这照壁宽大居全国之最，上面的“二龙戏珠”图案由彩灯映照，金龙轻踏蓝紫祥云，口吐赤火，欲腾欲飞，很是逼真。随着小舟开始荡漾，突然，一股幽香袭来，原来是河畔层层叠叠的青柳与夹竹桃。不久，有着“水上明珠”之称的白鹭洲公园就会把一幅五彩斑斓的夜景图展现于人们的眼前。继续前行，划过一个回廊，眼前豁然开朗，那是演绎着一段段凄美爱情故事的白鹭洲“风情万种大舞台”。这里每晚都有大型水上实景演出《夜泊秦淮》，六朝古都，十代都会，2500年的灿

金粉楼台，画舫凌波，桨声灯影，共同构成一幅如梦如幻的秦淮夜景图。

烂与沧桑都在这舞台上缤纷呈现。《梅花三弄》、《桃叶团扇》、《香君撕扇》等轻歌曼舞，也在湖光山色中柔美地展开。一时间，河面绽开点点荷花彩灯，空中萦绕袅袅秦淮古乐，好一个桨声灯影中朦胧的人间仙境。

看过演出，沿着幽幽河水，继续徜徉在如七彩图画般的彩灯中，沿途处处可见“青砖小瓦马头墙，回廊挂落花格窗”的明清徽派风格建筑。错落有致、黑白辉映的马头墙，飞檐出甍，回廊挂落，雕刻精美，仿佛把人带入了明清古秦淮的优美画卷中。只不过这些建筑不再是从前那些莺歌燕舞的场所，而摇身一变成了酒楼饭店，用南京特色的小吃吸引着游人的眼球，让人垂涎三尺。还有精明的商家制造了许多与这座古城有关的旅游纪念品在此出售，叫卖声不绝于耳。昔日的烟花温柔乡，如今的人声鼎沸处，秦淮河历经岁月的洗练，非但没有变苍老，反而焕发出别样的风采，怎能不叫人流连忘返呢?

★★★ 秦淮八绝 ★★★

秦淮河不仅因“灯船之盛”而甲于天下，在它北岸贡院街的夫子庙附近，还有各种茶楼饭店、街边小吃，这也形成了秦淮的一大特色。夫子庙附近供应的传统食品和风味小吃不下200种，其中最有名的是“秦淮八绝”。所谓“秦淮八绝”，是指南京八种最有秦淮风味的特色小吃。这第一绝是永和园的黄桥烧饼和开洋干丝，第二绝是蒋有记的牛肉汤和牛肉锅贴，第三绝是六凤居的豆腐涝和葱油饼，第四绝是奇芳阁的鸭油酥烧饼和什锦菜包，第五绝是奇芳阁的麻油素干丝和鸡丝浇面，第六绝是莲湖糕团店的桂花夹心小元宵和五色小糕，第七绝是瞻园面馆熏鱼银丝面和薄皮包饺，第八绝是魁光阁的五香豆和五香蛋 。

★★★ 民国建筑的故事 ★★★

在中国近代史上，南京作为中华民国的首都，是中华民国的开国地。那时，南京风云际会，各类建筑星罗棋布。如今，这些建筑保存下来的有1000多处，例如，中西合璧的总统府、辽代宫殿式的博物院……每幢建筑背后都有说不完的故事。

总统府坐落在南京市长江路292号，它的一个建筑特点便是“中西合璧”，众多各异的建筑群让整个总统府显得美轮美奂。在这些风格不同的建筑中，最具代表性的是大门门楼。总统府大门的门楼是一幢典型的西方古典巴洛克式的门廊建筑，为二层钢骨水泥建筑，是早期西方古典式建筑中一个很典型的例子。朝南立面的外部采用标准的八根罗马爱奥尼柱式构图，柱头上雕有精致的卷涡纹样，整个裸露部分均做石料天然状处理。然而，在大门对面却又改建了一堵中式照壁，照壁上方做了一些巴洛克雕饰，这就是建筑上“中西合璧”的典型例子。更有趣的是，这座门楼还有一个显著的特点——外圆内方，这是受了我国传统处世哲学的影响——圆指有亲和力，方则指方正严谨，又是中式思想与西式建筑风格完美结合的典范。

与中西合璧的总统府不同，位于南京城东中山门内中山东路321号的南京博物院最大特色则在于它是仿辽代宫殿式建筑。这座大殿仿辽代蓟县独乐寺山门形式，其结构多按《营造法式》设计，某些细部和装修则兼采唐宋遗存。大殿为七开间，屋面为四面曲坡的四阿式，上铺棕黄色琉璃瓦。其陈列室仿照美国博物馆做成平屋顶，外墙加中国古典式挑檐，使之与大殿风格协调。整座建筑离中山东路主干道较远，前面留下宽敞的空间，做草坪、广场和绿化带，大殿前还建有宽大的三层平台，更显得雄伟高大、巍峨壮观。

★★★ 红色雨花台 ★★★

南京城内不仅随处可见民国时期留下的斑驳痕迹，也能在不经意间碰触到红色革命的壮丽诗篇。而位于南京市中华门城堡南的雨花台，可以说是这些诗篇中最夺目的一章。

“风华千秋雨花韵”，在雨花台这片古老的土地上，从西周太伯兴修水利起，便有了先人的遗迹。但是在三国东吴时，它并不是用的此名，而是叫做石子岗、玛瑙岗、聚宝山；直到南朝时，佛教盛行，传说高僧云光法师在此设坛讲经，因说法虔诚所至，感动上苍，落花如雨而始得“雨花台”一名。至明、清，这里更是江南登高览胜之佳地。“南朝四百八十寺，多少楼台烟雨中”，“雪映山眉紫，烟消树顶圆”，这些美妙诗句描述的正是雨花台的丰富人文景观和怡人自然风光。

但是1927年以后，这座松柏环抱的秀丽山冈成了革命烈士的殉难处，在这里遇难的共产党人和革命群众达10万之多。新中国成立后，党和人民政府决定在此兴建烈士陵园。雨花台陵园大门由花岗石砌成，高11.7米。大门内三面环山的广

★ 雨花台烈士浮雕

场上耸立着一座烈士群雕，雕像高10.3米、宽14.2米，由179块花岗石拼装而成，是我国目前最大的花岗石群雕。雕像采用了上实下虚的手法，着重刻画了烈士的面部神态。两侧的环陵大道可直达雨花台主峰，主峰上矗立着一块42.3米高的石碑，碑身正面镌刻着邓小平亲笔题写的“革命烈士纪念碑”七个金字，背面刻着纪念碑文。碑前还竖有一座高5.5米的烈士青铜塑像。在纪念碑南边的山冈上还有一座呈“U ”字型、颇具民族风格的花岗岩结构的大型建筑——革命烈士纪念馆。馆长94米、宽49米，主堡高26米，建筑面积5900平方米，馆内陈列着烈士们的遗像、遗书和遗物等。

【杭州】

★★★ 临安，临安 ★★★

我国最初有著名的“四大古都”之说，即西安、南京、洛阳、北京；后来在二十世纪二十年代把开封也列为了古都之一，形成了“五大古都”的说法。但是数十年后，因为杭州是南宋都城临安之所在，又把杭州也加入了古都之列，这才有了现在的“六大古都”。

杭州古称“余杭”、“钱塘”，直到隋朝开皇九年（589年）废郡为州，才始得“杭州”之名。但是靖康之变后，赵构登基称帝，南渡杭州，将其改名临安，是为“行在（天子行銮驻跸的处所）”。临安者，乃临时安顿、及时行乐之谓也。杭州的繁华，柳永在《望海潮》一词里作了生动的描写：“东南形胜，三吴都会，钱塘自古繁华。烟柳画桥，风帘翠幕，参差十万人家。”宋高宗赵构虽在金兵的追击下惶惶如丧家之犬，但一见杭州烟花柳巷的繁华景象便乐得不愿再走了，每日灯红酒绿、醉生梦死，全然忘记了远在东北的被囚的徽、钦二帝，全然忘记了处于水深火热之中的中原失地。留守开封的大将宗泽欲渡河北伐，力劝宋高宗回京坐镇，宋高宗都置之不理，沉迷于偏安一隅的享乐之中。

据记载，当时杭州城垣因南宋定都而大事扩展，我们从南宋御街的建制中就可窥见一斑。南宋御街是临安铺设的一条主要街道，《咸淳临安志》等文献记载，铺设这条御街一共使用了一万多块石板。御街南起皇城北门和宁门（今万松岭和凤凰山脚路交叉口），经朝天门（今鼓楼）、中山中路、中山北路、观桥（今贯桥）到今凤起路、武林路交叉口一带，全长约4185米，为当时临安城的中轴线，是皇帝于“四孟”（孟春、孟夏、孟秋、孟冬）之际到景灵宫（今武林路西侧，供奉皇室祖先塑像的场所）朝拜祖宗时的专用道路。每三年，皇帝都要进行一次为期三天的祭天仪式。他沿着御街到景灵宫吃斋祭祖，住一晚后，再返回太庙（今鼓楼附近，供奉皇室祖先牌位的场所）住一晚，再到城外的郊坛祭天，再住一晚后返回皇宫。据说，皇帝车队走过时因为怕压坏石板，每次都要把那上万块石板拿掉，并铺上沙子。

这可真是“暖风熏得游人醉，直把杭州作汴州”，可杭州毕竟不是汴州，当初把这美丽的新都命名为“临安”时，就注定了它的命运。1279年，蒙古人的铁蹄粉碎了南宋皇帝纸醉金迷的美梦，杭州作为都城的历史也至此画上了句号。

★★★ 褚载——丝绸的鼻祖 ★★★

历史变幻无常，人们的着装风潮也随着时间的改变而改变，时而唐衫，时而宋服，但那些富丽奢华、光怪陆离的款式总是像烟云一般，一阵风后就消失了。不过，杭州丝绸却始终以其婉约、灵动的质地创造着灿烂和神秘，如诗似梦般地萦绕在霓裳裙摆当中。

说起杭州丝绸，还要先从一个书法家说起。这位书法家名叫褚遂良，因为唐高宗封他为河南郡公，世称褚河南。褚遂良的祖先最初居住在河南，但后来从河南迁到了杭州（古称钱塘），所以便成了钱塘人。褚遂良的父亲叫褚亮，是陈后主的尚书殿中侍郎，后来入隋，又入唐，褚遂良最后也成了唐太宗的重臣，不过后来因为反对武则天掌朝，最后被贬到今天的越南，并且在那里逝世。当时褚家后代都被流放到了边远地区，直到武则天死才给平反。到褚遂良的第9代孙褚载从其先家扬州迁到杭州时，那已经是晚唐了。

杭州的老百姓传说，就是褚载从扬州迁到杭州的时候，带来了扬州先进的丝绸技术，从此杭州丝绸业才得到长足发展。因此，杭州丝绸行业的人都把褚载当做他们的祖师爷来敬。相传宋代，当地丝绸商人就已经奉褚载为鼻祖了，昔日的褚家祠堂也被修建成了观成堂。到了清代，堂中还立了碑文：昔褚河南之孙载者，归自广陵，得机杼之法，而绸业以张。杭州丝织业的圣地在东园巷的机神庙，那里也有一块碑，也专门记载了这件事情。

据说，褚家的故居就在今天杭州下城区的新华路北段，这个地方旧时称忠清巷，一直就是杭州丝绸业的中心区域之一。

★★★ 西湖：阅尽沧桑，波澜不惊 ★★★

与杭州丝绸交相辉映、分割不开的，还有那“欲把西湖比西子，淡妆浓抹总相宜”的西湖——撑一把绸伞，于雾霭朦胧中漫步湖边，看杨柳倩影轻舞，摇曳出了多少如梦往事。

最值得一提的是苏堤，它见证了北宋大诗人苏东坡的官场沉浮。苏东坡曾两

★ 西湖十景之苏堤春晓

度到杭州做官，第一次是1069年，到杭州任职通判。上任以后，他致力于西湖的疏浚，只是次年就被调离。这一走，苏东坡历经“乌台诗案”，差点命丧黄泉。不过，也许连苏东坡自己也没有想到，时隔十六年之后，也就是1086年，他又第二次来到杭州，而且还被任命为知州。这一次，钟情于西湖的他又开始了对西湖的大规模整治：下令撤废了湖中私围的葑田，在今湖心亭一带全湖最深之处建立了三座石塔，禁止在石塔范围内养殖菱藕，以防湖底泥土淤积；又用疏浚出来的大量淤泥，在湖中建筑了一条沟通西湖南北岸的长堤，并在堤上修建了六座石桥以流通湖水，还在长堤两边种上桃树和柳树，一来保护堤岸，二来春天桃红柳绿，为西湖增添了美景。后人为纪念苏东坡浚湖筑堤的政绩，就将这条长堤称为苏堤。

但是，杭州西湖不只有苏堤所代表的文人风雅，还有那诉说着缠绵悱恻爱情故事的断桥。断桥是西湖中最出名的一座桥，它的名字与我国民间故事《白蛇传》联系在了一起。传说，白娘子原本是山野中修炼的一条小白蛇，有一天不幸被一个捕蛇老人抓住了，差一点遭遇杀身之祸，幸亏被一个小牧童所救。后来，经过一千七百年的修炼，白娘子终于化做人形，经观音大士指点，来到杭州西湖寻找前世的救命恩人小牧童。在清明那天，烟雨蒙蒙，白娘子来到了西湖断桥上，最后由雨伞传情，找到了前世的救命恩人许仙，并以身相许，与他结为夫妻。而且，在经历水漫金山的磨难之后，他们二人又是在断桥上重逢，再续前缘。

岁月如云如烟，西湖边上像这样流传下来的或者已经被忘记的史实与故事，实在是太多太多了。但西湖却依旧是烟柳依依，碧波荡漾，如同一位温柔的仙子，静静地看着人世沧桑。

第二章 风雨昭昭，城池不改

【邯郸】

★★★ 三千年不改名 ★★★

地处河北省南端的邯郸，西依太行山脉，东接华北平原，与晋、鲁、豫三省接壤，是一座有着近3000年悠久历史的文明古城。

三千年来，邯郸从不曾更名。“邯郸”之名，最早出现在《春秋谷梁传》中，“襄公二十七年：故出奔晋，织絇邯郸，终身不言卫”。邯郸地名的由来，现在一般以《汉书·地理志》中三国时魏国人张晏的注释为源：“邯郸山，在东城下，单，尽也，城廓从邑，故加邑云。”意思是说，邯郸的地名源于邯郸山，在邯郸的东城下，有一座山名叫邯山；“单”的意思是山脉的尽头，邯山至此而尽，因此得名邯单；又因为城廓从邑，故单字旁加上个邑（阝），就成为了邯郸。

“邯郸”二字作为地名，三千年沿用不改，是我国地名文化中的一个特例。

★★★ 赵都成语趣谈 ★★★

邯郸是战国时期赵国的都城。作为当时的政治、经济、军事中心，邯郸也积淀下来了深厚的赵文化，经过千百年历史的披沙拣金，凝聚成了许多脍炙人口的成语典故。

“成语典故苑”位于邯郸赵苑景区，其中不少碑刻、浮雕、绘画等就直接与赵都成语有关。例如，成语典故苑小广场中间的那座铸铁大鼎。这座大鼎高约2米，连同底座共高达4米，直径最大处有1.5米，其外表雕刻着精美的花纹，底座上也雕龙画凤，是展示成语“一言九鼎”的道具。鼎在古代为祭祀用的礼器。相传大禹就曾用九州之铜铸九鼎，以示九州一统。既然大禹的鼎是铜铸的，那么这个鼎为何是铁铸的呢？原来，公元前513年，赵国缔造者赵鞅曾用生铁铸刑鼎，象征法律如铁一般不可更改。在此铸铁鼎，便是为了纪念这位赵国先人。而且，早在春秋战国时期，邯郸就成为当时的冶铁中心，而今的邯郸更是全国的钢铁名城，铸此铁鼎，可以使人感古念今，令邯郸人骄傲自豪。据《史记》记载，当年毛遂（战国时赵国平原君的门客）说服楚王，搬救兵解赵国之围后，平原君盛赞

"毛先生一至楚，使赵重于九鼎大吕"。

在大鼎正后方，温明湖畔有一块高6米、长约20米的铸铁壁画，其内容展示出赵武灵王力行改革、富国强兵的过程。公元前307年，赵武灵王推行"胡服骑射"改革，令赵人穿胡服、习骑射。从某种意义上讲，赵武灵王的这次改革在历史上具有划时代的意义。

还有一些成语自然石及造型碑，它们也直接而形象地表明了成语的含义。比如，取意于成语"难至节见"的自然石，展现的是赵武灵王时的一位忠臣——肥义的形象。肥义曾说过"夫忠臣也，难至而节见"，他不仅是这样说的，而且也是这样做的。后来肥义为保护幼主赵惠文王被叛军所杀，正印证了人们常说的"危难之际见真情"。成语"价值连城"是通过造型碑——和氏璧来展示这块稀世之宝的价值以及赵国蔺相如舌战秦廷，终于完璧归赵的故事。据说蔺相如当年在秦国大殿上看出秦王并无以城换璧之意时，气得连头发都竖了起来。柱形碑"怒发冲冠"表现的就是这个情景。还有一块小桥造型的石碑——"学步桥"，表现的是成语"邯郸学步"。这个成语讲述的是当年燕国学子在小桥上学步时，照搬照套，不但别人的东西没学会，反而忘掉了自己原来的本领，落得个"寿陵学步，笑煞邯郸人"的地步，实在是得不偿失。

★★★ 铜雀春深锁二乔 ★★★

时光如白驹过隙，东汉末年至魏晋时期，我国北方政治、经济、军事、文化的中心转移至了今邯郸临漳县西南的古邺城。

邺城前临河洛，背倚漳水，虎视中原，凝聚着一派王霸之气。建安十五年（210年），曹操取得北征、东进等胜利之后，在此大兴土木，建成铜雀、金凤、玉龙三台。其中铜雀台最为壮观，台上楼宇连阙，飞阁重檐，雕梁画栋，气势恢宏。建成之日，曹操在台上大宴群臣，慷慨陈述了自己匡复天下的决心和意志，又命武将比武，文官作文，以助酒兴。一时间，曹氏父子与文武百官觥筹交错，对酒高歌，大殿上鼓乐喧天，歌舞拂地，盛况空前。其间，曹丕吟出了"飞间崛其特起，层楼俨以承天"的诗句；曹植也写下了《登台赋》的篇章。而且，曹操也是在铜雀台上接见并宴请了蔡文姬，这个曹操用重金从匈奴赎回的著名才女还在铜雀台演奏了著名的《胡笳十八拍》。

当时，铜雀台及其东侧的铜雀园成了邺下文人创作活动的乐园，与建安文学结下了不解之缘。曹操、曹丕、曹植、陈琳、徐干、蔡文姬等，经常聚集在铜雀台，用自己的笔直抒胸怀。他们时而慷慨傲气，抒发渴望建功立业的雄心壮志；时而又悯时悼乱，揭露黑暗的社会现实和百姓悲惨的生活。正是他们，在铜雀台上掀起了我国诗歌史上文人创作的一个高潮——建安文学。

这样一个风雅之地，自然少不了风花雪月的故事。据说，铜雀台的建造还与才德兼备、容貌美丽的江东二乔有关。相传208年赤壁之战失败后，曹操率残部北归邺城。一直对此事耿耿于怀的他发誓说："一愿扫平四海，以成帝业；二愿得江东二乔，置之铜雀台，以乐晚年，虽死无憾！"二年后，即建安十五年（210年），铜雀台建成，只是曹操却始终没见到二乔在台上翩翩起舞的情景。

★★★ 唐梦传千年 ★★★

在邯郸悠久的历史进程中，有一个发生于唐代的传奇故事一直流传至今，这就是"黄粱一梦"。

这一传奇故事发生在邯郸的黄粱梦镇，如今镇上就有依据该成语的出处——唐传奇《枕中记》而建的千年古观"黄粱梦吕仙祠"。这座建筑的殿宇房舍坐北朝南，而大门却面西。入大门迎面而立的八仙阁与门楼东西对峙，院落中部南侧是照壁，上嵌"蓬莱仙境"四个石刻大字，传为吕洞宾所写。照壁对面是三间丹房，入门，四面荷花吐艳，杨柳争绿，使人心旷神怡。进入中门便是主体建筑的钟离殿、吕祖殿、卢生殿。这卢生殿的楹联极富哲理："睡到二三更时凡功名皆成幻境，想到一百年后无少长俱为古人"。殿内的卢生石卧像，睡意朦胧，惟妙惟肖，引来了不少名家为其写诗作画。此外，中轴线的两侧，还有清末建造的东西行宫、钟鼓楼、凉亭、假山等，大小建筑错落有致，间有古柏、翠竹、奇花等花木衬托，环境幽雅，历代文人骚客多游于此。

黄粱梦吕仙祠是研究我国"梦文化"的集大成之地，也是我国"梦文化"的重要载体之一。有关黄粱梦的故事一再被人续写改编，对我国小说、戏剧、诗文的创作都产生了重要的影响。

阆中

仙境的风水文化

电视剧《红楼梦》的主题曲中唱到：“一个是阆苑仙葩，一个是美玉无瑕”，引人情肠绵绵，但很少有人知道，歌词中的“阆苑”指的就是阆中。

“三面江光抱城廓，四围山势锁烟霞。”素有“阆苑仙境”之称的阆中地处四川盆地北缘，嘉陵江的中游，是由大巴山脉、剑门山脉与嘉陵江水系交汇形成的一块风水福地：那流经阆中的嘉陵江，像一条巨龙绕着这座古城，正是阆中的龙脉。而阆中北面的蟠龙山系与华夏始祖山——昆仑山一脉相承，如同蜿蜒游动的青龙，是为“镇山”；南边的锦屏山构成城南的第一道景观，如同座前几案，人曰“案山”；案山前远山层层叠叠，好像臣民列队朝圣，所以被称作“朝山”。这正是“玄武垂头，朱雀翔舞，青龙蜿蜒，白虎驯俯”这一风水意象的体现。

此外，阆中古城的建筑风格也体现了我国古代的居住风水观。它那棋盘式的古城布局，融南北风格于一体的建筑群，形成“半珠式”、“品”字型、“多”字型等风格迥异的建筑结构，是我国古代建城选址“天人合一”完备的典型范例。其中“多”字型结构（即第一重天井和第二重天井不在一根轴线上，错位成一个“多”字，房间平面图为菱形）寓意着“三多”：多子、多福、多寿，这在全国古民居建筑中十分罕见。

“千水成垣，天造地设”，良好的风水让阆中自古以来就成为人文荟萃的形胜之地，著名的风水大师选择在这里筑占星台，观测天象；大商巨贾云集于此，把阆中作为做生意和永久居住的吉地；而且阆中还先后出了两对兄弟状元——唐朝的尹枢、尹极和宋朝的陈尧叟、陈尧咨，这使阆中成了名副其实的风水宝地。

处处有三国

阆中位于“三国（蜀汉）文化走廊”的北段东路，三国古驿道、瓦口隘、管星街、严颜寺、立马铭等遗址遍布，可谓是处处有“三国”。

汉桓侯祠俗称“张飞庙”，是人们为了张飞的英名而建，距今已有1700余年历史。

不过，三国历代人物中与阆中渊源最深的，还应该是张飞。

三国时蜀汉大将张飞曾任巴西太守，驻阆中达7年之久（214~221年）。在这里，张飞率精卒万人，打败了曹操的上将张郃，取得了“保境安民”的胜利。后来他在伐吴前夕，被部下范强、张达所杀，最后身葬于阆中。今有后人为其建的“桓侯祠”，就位于阆中古城的西街尽头。对于阆中人来说，张飞是这座城市的偶像和人们心中的神，他被誉为“虎臣良牧”——不仅打仗是猛将，当地方官也是好官，特别是在发展蚕桑、修建水利、暴安良等方面都有着很多的功绩。

来到阆中，你也许还会发现整个张飞的形象完全不是莽夫、草将，反而是个擅长书法、写诗作文章的文人。阆中人曾从嘉陵江打捞起一块石碑，上有“汉将军飞率精卒万人大破贼首张郃于八蒙，立马勒铭”的记载，据说这就是张飞的书法真迹，是他用丈八蛇矛书写出的当时十分流行的“汉八分”隶书。而且，阆中人擅长用遗传学的观点叙述历史，由于张飞的女儿当了刘禅的皇后，据此可以推测她应该不是面容丑陋的女子，由此反推张飞一定不丑，可能还是一个美男子。

当你漫步阆中古城，听着阆中人絮絮叨叨给你讲述这些历史的时候，那街道上弥漫着的张飞牛肉的香味，会勾得你肚子里的馋虫四起。等你决定到嘉陵江边找一家小店，眺望一下江景，或喝上一壶清茶时，不远处的小戏院又隐隐约约传来川北皮影戏《张飞审瓜》的声音……

★★★ 古代高考的考场 ★★★

在古装影视剧里，我们看到过制度森严的科举考试，十年寒窗苦读的辛酸令人唏嘘不已，当状元戴红花的喜悦又让人感到风光无限。在阆中，你就能亲身体验一下考科举的滋味。

阆中有全国独一无二的保存完好的考棚——阆中贡院，也称川北道贡院。川北道贡院位于阆中古城学道街中部北侧，坐北面南，占地3000平方米，为三进四合庭式建筑，纵向长方形。其中第一、二进为平房考场，考场四周为号房（考室），考试时按天、地、玄、黄……编号，每间号房有进出小门一道。而第三进的斋舍为一楼一底的四合院，楼下庭院纵贯走向，直通庭院。与贡院大门相对的正厅则是一楼一底的殿堂，中横一排为厅，是考官唱名、发卷、监考的地方。庭中有十字形走廊，走廊两边栏杆连带靠背木椅，供考生候点坐憩。

据《阆中县志》记载，顺治九年壬辰（1652年），因清军尚未攻取全川，四川省会暂驻阆中，曾在此补考辛卯科乡试。后甲午、丁酉、庚子三科考试皆在川北道贡院举行，至康熙二年（1663年）癸卯科始移成都。省会迁徙后，川北道贡院又作县试、府试场所。

而今每逢周末，川北道贡院都有模仿当年科举考试的表演，你可以穿上古代考生的衣服，感受一下科举考试的特别滋味。无论是“名落孙山”的严苛，还是“金榜题名”的殊荣，一定都会令人终生难忘。

【丽江】

青山困不住

地处云贵高原，主要为纳西族聚集地的丽江古城，因金沙江流经其境，“金生丽水”而名。它位于丽江坝中部，北依象山、金虹山，西枕狮子山，东面和南面与开阔的坪坝自然相连，既避开了西北寒风，又朝向东南光源，形成坐靠西北、放眼东南的整体格局。

这座依三山而建的古城由白沙古镇、束河古镇、大研古镇三个相对独立的单元共同组成，但大研古镇是其主体部分。又因为大研古镇位于丽江盆地的中心，古镇西南角耸立着的文笔锋酷似书天巨笔，与此对比，青山环抱之中的丽江盆地则像一方碧玉做成的大砚台，而古时“砚”和“研”相通，人们便把这里称为大研镇。

大研镇千年来一直是滇西北政治、经济、文化、军事重镇。明代著名旅行家徐霞客就曾在《滇游日记》中描述其“宫室之丽，拟于王者”、“民居群落，瓦屋栉比”，可见当年古镇的繁荣昌盛。的确， 这里地处滇、川、藏交通要道，古时候频繁的商旅活动促使当地人丁兴旺，很快就发展成为了远近闻名的集市和重镇，在宋末元初就已经有了相当规模。后来1253年，元世祖忽必烈南征大理国时，还曾驻军于此。由此开始，直至清初的近五百年里，丽江古城一直是元代的路宣抚司、明代的丽江军民府、清代的丽江府的驻地，由中央王朝管辖下的纳西族木氏先祖及木氏土司（1382年设立）世袭统治。

说起木氏土司，丽江古城的一奇还与他们有关。原来，这丽江古城没有城墙，只以四周的高山做天然屏障，据说是因为如果建了城墙，木字就成了“困”字。所以，丽江古城便成了一座我国古城建筑中罕见的没有城墙的古城。

不过，丽江古城不止在这一点上有别于其他王城。由于历史与地理原因，它未受“方九里，旁三门，国中九经九纬，经途九轨”的中原建制影响，除了无森严的城墙，古城布局中以三山为屏、一川相连之外，水系利用中还依靠三河穿城，造就了家家流水的局面。另外，街道布局中“经络”设置和“曲、幽、窄、达”的风格，建筑物的依山就水、错落有致的设计艺术在我国现存古城中都是极为罕见的。

★★★ 五彩石铺就的四方街 ★★★

话说“先有四方街，后有丽江古城”，四方街是丽江古城的中心，也是丽江古城的代名词。它占地约4000平方米，据说是木氏土司让人仿照其印章铺就的一个露天广场，其名字则取“权镇四方”之意。

这个梯形的小广场，建造时被设计得中间稍微凸起，两边凹下，犹如一片巨瓦。它以五彩石——红色角砾岩铺就，雨季不泥泞，旱季不飞灰，石上花纹图案自然雅致，质感细腻，与整个古城环境相得益彰。而且，历经数百年走磨，路面石纹毕露，越发显得古朴。

如果说彩石铺地是四方街的独特街景之一，那么清水洗街就是四方街的独特街景之二了。丽江古城是一个日日夜夜和淙淙流水相约的城市，就像威尼斯那样，不过它的水道是经过设计用人工挖掘的。虽然原始的河流只有一条，就是穿城而过的中河，但人们在中河上又挖掘出西河和东河，分为三支，像一棵大树的

四方街是丽江最热闹喧哗的地方，人们可以从四方街幽深的街道、小路、巷子进入到古城的中心。

主干和两个支干。其中，西河流经四方街西面，河上设有一个水闸，每到傍晚收市，人们就关上水闸，河的水位立即上升，顺着瓦形的坡度漫过整个广场，将街上的脏污冲进两旁的暗沟里。这些暗沟宽30厘米、深约45厘米，与下水道连接。这样，从地面到地下就形成了一个完整的排污系统，把四方街冲洗得干干净净。

当你站在四方街上，听着潺潺流水时，你还会发现，有四条主街呈辐射状由中心向四面延伸，直通东南西北四郊，而每条主街又有数条支巷呈放射状再向四周辐射，由此形成以四方街为中心，四周店铺客栈环绕，沿街逐层外延的缜密而又开放的格局，古老的集市就这样孕育了城市最初的形状。至明清以来，各方商贾在这里云集，民族文化在这里交汇。因此，这用五彩石铺砌的小小露天广场，每日人头攒动，热闹非常，置身其中，令人仿佛步入了“清明上河图”的繁华画卷之中。

★★★ 民居博物馆 ★★★

丽江古城中至今依然保留着大片明清时期的居民住宅，这些住宅多为土木结构，房屋构造简单、粗犷，建筑式样多为“三坊一照壁，四合五天井”。“三坊一照壁”即主房一坊，左右厢房二坊，再加上主房对面的照壁（大门内的屏蔽物），合围成一个三合院；“四合五天井”指由正房、下房、左右厢房四坊房屋组成的封闭式四合宅院，除中间一个大天井外，四角还有四个小天井或漏间。其中，正房主要供老年人居住，而东西厢房由下辈居住，天井则供生活之用。这种“三坊一照壁、四合五天井”的建筑模式，是丽江民居中最基本、最常见的形式，它有方便采光、避风和防盗的功能。另外，丽江民居中还有一个最显著的特点：不论城乡，家家房前都有宽大的厦子（即外廊）。厦子的产生与丽江的宜人气候分不开，由于气候舒适，当地人便把房间的一部分功能，如吃饭、会客等搬到了厦子里，于是厦子便成了丽江民居中一个重要的组成部分。

丽江民居虽为土木结构，外观看起来简单朴素，但却有着极强的抗震功能。在房屋主体框架的结构上，当地人采用了灵活的设计，他们在木框架的主要受力部位安设了“勒马挂”、“地脚”、“穿枋”、“千斤”等具有拉结作用的构件，使整个房屋构架按百分之一的斜度往里倾斜，底部则向外展开，这样能有效增强构架的稳定性。此外，丽江民居护墙体的下部是土坯，上部是木板，这种“下重上轻”的设计也增加了房屋的稳固性。1996年发生的大地震是对丽江民居的一次巨大考验，地震中虽有大量房墙倒塌，但主体框架却保持完好，这也证明了丽江民居在抗震方面确有优越性。

丽江人因地制宜地在房屋的抗震、遮阳、防雨、通风等方面做出的大胆尝试，使房屋最大限度地拥有了各种实用功能，而这些特色令中外建筑专家赞叹不已，称其为“民居博物馆”。

★★★ 木府——古城中的“紫禁城” ★★★

有句话说：“不到木府，等于不到丽江”。木府是丽江木氏土司衙门的俗称，是“木老爷”的大宅。现在的纳西人说起“木老爷”来，就跟我们提到自己的老祖宗一样亲切。

一跨进木府朱红色的大门，眼前会豁然开朗，一片开阔的地面上巍然耸立一座金碧辉煌的宫殿，汉白玉基座雕刻精美，那恢宏的气势，使人恍若置身于皇宫之内。如果说丽江古城展现的是丽江世俗生活的一面的话，那么木府展现的就是一个在西南地区曾经辉煌一时的大土司家族的兴衰史。

木氏土司家族历经元、明、清三个朝代，鼎盛时期木府占地6万多平方米，有近百座建筑，是几百年来丽江古城的心脏所在。尽管只是一座土司的宅院，但木府的奢华与恢宏并不亚于任何一座王公贵胄的官邸。据《丽江府志》记载，从前的木府殿堂巍峨、布局严谨，仅中轴线就有369米长，中轴线上分别有议事厅、万卷楼、护法殿等大殿。两侧房屋罗列，亭台楼阁，数不胜数，花园回廊，风格别致。简单地说，几百年前的木府就是丽江古城中的“紫禁城”。

值得一提的是，木府虽有王者气度，却一反中原王城“居中为尊”的传统，将府第建于城南一隅。而且，木氏土司在建造自己宫殿式的府第时，也未按“坐北朝南为佳”的中原风水理论，而是朝向太阳，朝向东方。东方属木，太阳和木都是丽江纳西族东巴教中的崇拜物，亦为皇帝所赐纳西族之姓氏。因此，欲“得木之气而盛”的想法使木府的建筑采取了坐西朝东的方向。

【临淄】

★★★ 牛山上的传说 ★★★

临淄区位于山东省淄博市东北部。它曾作为“春秋五霸之首、战国七雄之一”的齐国都城，历史长达800余年，是灿烂辉煌的齐文化的发祥地。

悠久的历史为临淄留下了大量的传说，其中就有周代齐国的始祖——姜子牙与牛山的故事。牛山在今临淄区齐陵镇境内，海拔174米，传说周武王灭商之后，姜子牙被封到齐国营丘。为了赶在当时实力强大的莱侯之前抢占对营丘的控制权，姜子牙马不停蹄，昼夜兼程地往营丘赶，在黑暗中迷了路。正在一筹莫展的时候，月光下竟出现了一头牛，主动为姜子牙带路。这头牛一直把姜子牙带到了淄河边，突然，这头牛却变成了一座巍峨秀丽的山。姜子牙为了感谢神牛，便把这座山命名为牛山。

牛山不仅有着神奇动人的传说，它的景色也十分秀丽。“春回牛山雨蒙蒙”，讲的就是春天里小雨蒙蒙，松柏吐翠、怪石嶙峋的牛山在云雾蒸腾、波光潋滟之中展现出一派怡人风光。特别是那山坡下的天齐渊，“五泉并出，喷珠吐玉”，泉水从嶙峋的山石间流泻到波涛滚滚的淄河中，泉流跌宕，飞珠溅玉，宛若霏霏烟雨。战国时期的孟子登临此山时曾发出过“牛山之木尝美矣”的赞叹；三国时期，才高八斗、七步成诗的临淄侯曹植，以及晚唐著名诗人杜牧、清代文坛的代表人物赵执信等都曾在登临此山后留下了赞美牛山风景、慨叹历史兴亡和人生荣辱悲欢的传世佳作。从明代开始，每到春天，人们就到牛山踏青游玩、饮酒赋诗。善男信女也登上牛山求神拜佛，祈求平安如意，山上游人摩肩接踵。每年农历三月三和九月九的牛山庙更是远近闻名，热闹非凡。

★★★ 荒台故址吊桓公 ★★★

除了牛山之外，位于今临淄区齐都镇长胡村东南约一千米处的桓公台也非常著名。

说到桓公台，人们自然而然地想起春秋时期的齐桓公。齐桓公，姜姓，名小

★ 齐都桓公台

白，因避齐襄公之乱出逃莒国。齐襄公被杀后，流亡在外的姜小白和其异母兄弟姜纠都急忙赶回齐国，谁先到达临淄谁就能成为一国之主。姜纠的谋士管仲日夜兼程，途中恰巧遇到了莒国军队护送姜小白回国，管仲假意上前拜见，冷不防向姜小白射出一箭。姜小白大叫一声，从车上栽倒下去。其实姜小白并没有死，那一箭正好射中他的衣带钩。管仲是有名的神射手，姜小白唯恐他再来一箭，便立刻就势栽倒。等管仲走远后，姜小白便策马扬鞭，率先到达临淄。公元前685年春，姜小白就任齐国第十六代君主，他就是历史上赫赫有名的齐桓公。齐桓公知人善任，不计一箭之仇，任命管仲为相，使齐国很快成为春秋五霸之首。

这以齐桓公命名的桓公台，是齐故城宫室建筑群中一座高台建筑的台址。据探测得知，此台地下夯土基址呈长方形，东西长86米，南北宽70米，台顶分两层，现台高14米，为齐故城的制高点。在桓公台东北1000米处，现存一处6000平方米的宫阙遗址，它高出地面约半米，是俗称的“金銮殿”。金銮殿是以桓公台为主体的建筑群的一部分，曾经在此出土了铺地花纹方砖、屋脊砖，以及有树木双兽纹、树木卷云纹的瓦当等。

登台远眺，故城万象尽收眼底，令人生发出“人事有代谢，往来成古今”之叹。俯瞰桓公台和金銮殿遗址间可容万兵操演的“大广场”，不禁浮想联翩，当年在这里雄视天下的风云人物，如今早已化为历史烟云。

★★★ 韶乐绕梁 ★★★

大家都知道“三月不知肉味”这句话，也都知道是孔子说的。它的全文是“子在齐闻韶，三月不知肉味”。意思是说，孔子在齐国听到一种韶乐，乐声令孔子无限沉醉，以至于他三个月都吃不出肉是什么滋味了。

这句话或许有夸张的成分，但临淄确实有孔子闻韶处。现临淄城东北百米、齐故都郭城内宫城东侧，有一个叫做韶院的村子，相传此处即是当年孔子在齐国听韶乐的地方。现在村东南隅有一石碑，高一米六三，宽八十七厘米，上刻“孔子闻韶处”五个大字。1910年的《临淄县志》记载：“韶院原名枣院村，清嘉靖年间，村人掘地得一古碑，上书‘孔子闻韶处’，后又于附近地下得石磬数枚，遂易村名。”因旧碑石年深日久，字迹已磨灭不清。村民们恐古迹湮没，盛事无传，于宣统三年（1911年）又重立了现存的“孔于闻韶处”石碑。石碑的左右，分嵌两方石刻，比碑略小。左边一块为“舞乐图”，上刻二人席地而坐，一人执管横吹；另一人居右，端坐正视，似乎全部心神都沉浸在美妙的艺术境界中，这应当就是孔子了；之下刻两个美女，长袖飘带，翩翩起舞；右边的石刻为“韶乐及子在齐闻韶”简介。

石刻文载，传说在我国远古虞舜时期，有一种叫做“韶”的乐舞，又称“箫韶”或“韶箫”。因韶乐有九章，也叫“九韶”，是一种非常高雅的乐舞。只是韶乐是距今四千多年前舜时的音乐，春秋时期能演奏的国家已经很少，如今，韶乐内容早已失传。不过，齐国故城内外，历年多次出土石磬、编钟等古乐器，若用锤击奏几下，声音确也悠扬悦耳。

【集安】

★★★ 高句丽王城 ★★★

集安位于吉林南部边陲，东南以鸭绿江为界，与朝鲜共和国隔江相望。汉元帝建昭二年（公元前37年），我国北方少数民族高句丽在鸭绿江中游和浑江流域建立政权。后至公元3年，高句丽迁都国内城（今集安市城区）。国内城为长方形，由巨大的花岗石筑成墙基，城外东、南、北三面有10米宽的壕沟，西面是洞沟河。城开6门，筑有瓮城，四面有角楼，城墙上有突出墙面的垛台，形成了森严的防御体系。

文献记载，高句丽迁都于国内城的同时，还在距国内城2.5千米的今集安城北丸都山上筑有“尉那岩城”，作为国内城的军事守备城。只是建安二年（197年），高句丽与同臣属于曹魏的公孙氏政权发生过一次大规模战争，高句丽溃败，国内城被毁。次年，高句丽第十代王山上王加固扩建尉那岩城，修筑大型宫殿，把尉那岩城更名为丸都城，并于209年移都于丸都。至此，丸都山城的整体布局基本完备，成为高句丽时期唯一一处以大型宫殿为核心规划的山城王都。

丸都山城依照山势的自然走向构筑城垣。它的城垣呈不规则的长方形，周长6395米，北高南低，形若向南倾斜的“簸箕”。而且，城墙本身也高低不一，在山崖陡峭险峻处筑低矮城垣或不筑，山脊平缓处则高筑城垣，使城外高耸于绝壁，增强防御能力。丸都山城环山为屏，山腹为宫，谷口为门，城内则宽敞自如，环境优美，使建筑、军事、生活、生产与自然环境浑然一体，首创了与自然环境完美结合的簸箕形山城的建筑模式。这种因地制宜地创造具有浓郁的民族特色，是高句丽民族建筑才华、筑城理念的充分展示，他们在营造方面的“奇思妙想”，也使丸都山城其成为我国古代都城建筑的杰出范例。

★★★ “东方金字塔”将军坟 ★★★

同丸都山城一样，位于集安东北约4千米处、龙山脚下的将军坟，也充分反映出了高句丽民族的聪明才智。

林森森，草青青，为古老荒凉的将军坟增添了几分勃勃生气。

将军坟建于五世纪初，是一座巨大的方坛阶梯式古墓。它的地势非常优越，不仅北依龙山，西靠禹山，东南有鸭绿江，而且前面是开阔的坡地，朝向好太王碑（高句丽19代王碑刻），遥望高句丽王都国内城，可谓是风水独佳。

这座古墓底部近于正方，截面呈尖方锥形，因为造型颇像古埃及法老的陵墓，因此，又被誉为“东方金字塔”。它的规模十分恢宏，其底部面积有997平方米，顶部面积为270平方米，墓高有12.4米，墓底边长有31.6米。此墓为方坛阶梯式，阶梯计七级，由二十二层石条逐层内收构成。其中，第一阶为四层石条铺砌，其余六阶每阶皆由三层石条砌成。在陵墓的第五阶正中，有早年打开的甬道，可通墓室。墓室内呈正方形，每边长各五米，四壁各用六层石条砌筑，近顶端置一大石为梁，使藻井成为一层叠涩，其上加巨大石板为盖，石盖重五十余吨。为了防止填石重压造成石条外移而破坏墓型结构，在墓的四周还各置有三块倚护的巨石，其中最小的一块重量也在十五吨以上。

将军坟所用的石材均为精细加工的巨型石条，共计有1100块。这些巨大的石条，都是从22千米以外的采石场运来的。1500多年前，缺乏运输和起重工具，高句丽工匠运用冰上运输、滚木、填土斜坡等办法，把石条一块一块运来，又一块一块地垒砌上，需要付出极大的艰辛。

第三章 曾经烽火狼烟地

【山海关】

★★★ 以山、海、关为名 ★★★

在我国传统文化中，山聚仙乃奇，海藏龙而神，关踞险为雄，而偏偏就有这么一个地方，以山、海、关三者合并命名，这就是山海关。

山海关地处华北与东北的咽喉要冲。这里东与辽宁省接壤，距沈阳市400千米，西距伟大祖国首都北京350千米，北部是层峦叠嶂、巍峨挺拔的燕山，南面是波涛汹涌、苍茫无垠的渤海，山海间距8千米。长城由渤海而出，蜿蜒北上，雄关开设于中，如虎踞龙盘，控扼着海陆咽喉。“两京锁钥无双地，万里长城第一关”，正是对山海关险要地势的形象概括。也正因为如此，山海关历来都是兵家必争之地。例如，历史上有名的“吴三桂引清兵入关”，这“关”指的就是山海关。

据史料记载，明崇祯十七年（1644年）三月初，辽东总兵吴三桂被特封为平西伯，奉命放弃宁远（今辽宁兴城），率边兵入关守卫北京。因为山海关重要的战略地位，当时李自成建立的大顺政权和清廷都想招降吴三桂。李自成还命吴三桂之父吴襄写信，由他派人至山海关招降吴三桂，并以白银四万两犒赏吴军，另派将领率二万农民军代吴三桂守山海关。一开始吴三桂同意投降李自成，归附大顺，即率军前往北京。但行至滦州，吴三桂听说爱妾陈圆圆被李自成部下霸占，父亲吴襄也被李自成拘押，“拷掠甚酷”，就愤怒回师，急归山海关。李自成闻知此讯，于四月十二日亲率大军经密云、永平，东攻山海关。大顺军列阵关内，北自山南至海，对吴三桂形成包围态势，吴三桂又惧又恨，竟向清廷乞师。而清廷对关内蓄意已久，只因山海关被据守，始终未达目的。当时，摄政王多尔衮正领兵掠取关外之地，行至翁后（今辽宁省阜新附近），得吴三桂请求后，便立即应允。后吴三桂与多尔衮合作，在山海关前击溃了李自成大军。清军也由此大举入关，并开始了长达两百多年的封建统治。

★★★ 巍巍关城 ★★★

山海关之所以称为“天下第一关”，不仅是因其地势险要，还在于它修筑精巧。山海关的城池，周长约4千米，是一座小城，整个城池与长城相连，以城为关。城高14米，厚7米。在关城的东西还各筑罗城，关城南北各筑翼城，以驻军队，互为犄角。关城东数里外又筑威远城、烽火台、敌台等附属工程。以上这些建筑，像众星捧月般拱卫着主体建筑山海关关城，组成了一个完整的防御工程体系。

但最为关城增色的，还是关城东门——“天下第一关”城楼。它耸立于长城之上，雄视四野。登上“天下第一关”城楼，南眺渤海，白浪滔天，烟波浩渺；北望长城，蜿蜒起伏，气势磅礴。在那连绵起伏的城墙上，每隔半里或一里，就有敌台高耸，台上的箭窗宛如一只只睁大的眼睛，注视着祖国的山河和原野。在城楼上，俯瞰附近座座敌楼、烽火台，凝视楼内陈列的兵器盔甲，顿时感到关高城重，壁垒森严，仿佛置身于古代战场。

还有那悬挂于城楼上的“天下第一关”匾额，这五个字每字高达1.6米，笔力顿挫凝重，雄劲浑厚。其中“一”字一笔，不显淡薄；繁体“关”字笔画虽多，不显臃繁。匾额的艺术风格与关山险隘的建筑格局十分谐调，使整个城楼显得更加奇伟俊秀。但是这匾为何人所写，多年来众说纷纭。在史料可查的有光绪四年（1878年）编撰的《临榆县志、建置编、城池卷》中记有：“‘天下第一关’相传明肖佥事显书。”民国九年（1920年）临榆县令周嘉琛《重修第一关旧额记》中说：“有额曰‘天下第一关’笔力沉雄，与形势相称，游者相传为严分宜（严嵩）手迹。”不过现在大家多倾向于肖显所书。

★★★ 古街上的历史 ★★★

一座城池的建立，第一要有兵，第二要有民。山海关是明代创建“卫所兵制”的产物，明代“屯田制”的改革又对山海关的巩固起到了重要的作用。天南海北的移民来到这里，关城内民居云集，商铺林立，逐渐形成了以钟鼓楼为中心，东、西、南、北“十”字形相交的四条大街。

这四条大街为城内主要干道，南北方向长，东西方向短，鸟瞰呈矩形。它们曾是沟通东西、盛极一时的商业汇集地。据史料记载，四条古街上曾有过很多老字号。其中南大街以钱、粮、当号为主，还有金店、绸布庄。比如，过去有一个最大的商号永茂居杂货店，独揽全城杂货生意。当时杂货分为上杂货与下杂货，永茂居经营的属于上杂货，包括棉布、百货、绸缎、干鲜果品、海鲜等。另外就是金店，像一进南门有一个华茂昌，现在城外的久华金店就是取了它的一个字。华茂昌金店的结构是前店后作，即前面是卖所后面是作坊。以前订做金银首饰要找专门的金匠，金匠们纯手工制作，不像现在都是自动化。金店的土一年换一次，还会有人专门买这种土，因为能从中淘出金末来，也就是“金砂”。华茂昌的首饰在民国时期的河北一带是免检的，成色都是4个九（即“9999”，表示含金量为99.99%），老字号、有信誉，里面要打上它的印章，如同现在的商标。

只是伴随着山海关的兴衰旧事，四条古街也从繁华走向了没落，过往烟云都掩映在了古旧建筑的残垣断壁上。

★★★ 明长城东起点——“老龙头” ★★★

在山海关城南5千米处，就是明代万里长城的东起点——老龙头。明朝建立以后，退回到漠北草原的蒙古贵族鞑靼、瓦剌诸部仍然不断南下骚扰抢掠；明中叶以后，女真族又兴起于东北地区，也威胁着边境的安全。为了巩固北方的边防，在明朝200多年的统治期间几乎没有停止过对长城的修筑工程。老龙头就是明洪武年间（1368~1398年），为了防御女真族和蒙古族对边境的骚扰，由大将军徐达奉命所筑。

老龙头地势高峻，有明代蓟镇总兵戚继光所建的“入海石城”。石城犹如龙首探入大海、弄涛舞浪，因而得名“老龙头”。这座海上石城的基础非常牢固，历经海水几百年的冲刷而不毁。据说初建立时，在海底反扣了许多铁锅，用以减少海水对石城的冲击，这种独特的建筑方法被载入了建筑史册。

石城北接靖虏一号敌台，后来又在城垣上建起了一座高达10米的澄海楼。澄海楼高踞老龙头之上，素有“长城连海水连天，人上飞楼百尺巅”之称。楼高14.5米，宽15.68米，进深12米，分二层，砖木结构，歇山重檐瓦顶。楼上有一块匾额——“雄襟万里”，为明代大学士孙承宗所题；另外一块匾额“元气混茫”和一副楹联“日光用华从太始，天容海色本澄清”都是清代乾隆皇帝御笔亲题。澄海楼两侧的墙壁上还镶着多块石碑，上面镌刻着几位帝王和众多文人学士登楼时所吟诵的诗词。

【代县】

★★★ 大雁飞不过的山关 ★★★

翻开中国历史，你就会发现这样一个事实：许许多多对中国这个古老国家的历史产生过重大影响的事件，大多都与山西这块土地相连；而其中与战争有关的事件，则多与代县（古称代州）相连；这与代县有关的战事，又多发生在雁门山。

雁门山，古称勾注山。它是山西吕梁山脉北支云中山向晋东北延伸的部分，东与恒山相接，略呈东西走向横亘于晋北大同盆地与晋中忻代盆地之间，海拔1500米以上，构成南北之巨防。从地质结构来讲，雁门山还是断块山，峭拔险峻，难以攀越。相传每年春来，南雁北飞，口衔芦叶，飞到雁门盘旋半晌，直到叶落方可过关，故有“雁门山者，雁飞出其间”的说法（出自《山海经》）。正是由于雁门山的阻隔，才导致了山北地区在历史上长期为汉族统治势力所不及，而为北方诸民族所占据。

“咽喉全晋，势控中原”，居“天下九塞”之首的雁门山从战国时期的赵武灵王起，就被历代统治者看作是战略要地。赵武灵王在此置雁门郡，此后各朝多以雁门为郡、道、县建制戍守。到了唐朝，因北方突厥崛起，屡有内犯，唐军驻于雁门山，于制高点铁裹门设关城，戍卒防守。《唐书·地理志》这样描述道：“东西山岩峭拔，中有路，盘旋崎岖，绝顶置关，谓立西径关，亦曰雁门关。”雁门关经五代十国、辽、宋、金、元约四百余载，在元朝时被毁。但是明朝时期，吉安侯陆享于洪武七年（1374年）自监民工筑新关于旧关东北5000米处的要道。新关地势更为险要，明末清初的著名学者顾炎武曾亲临此地，写下了“雁门重关，山峦在崄，霞飞云举，两山对峙，其形如门，而飞雁出于其间”的名句。

★★★ 一座关城，遍地狼烟 ★★★

有诗云：“南思洞庭水，北想雁门关”。在古代，雁门关是北塞的代名词，这里从来都是狼烟遍地。从战国赵襄子主持三家分晋到贺龙将军

★ 雁门关上的敌楼

指挥伏击战，两千五百年来，发生在雁门关的被记载于正史的战争就达两百多次。于此，汉击匈奴、唐防突厥、宋御契丹、明阻瓦剌，这里又素有“得雁门而得天下，失雁门而失中原”之说。

几千年的腥风血雨将雁门关演绎成了一部恢弘壮丽的边塞文化史诗，正如汉代大科学家、文学家张衡的动情吟唱：“我所思兮在雁门，欲望从之雪纷纷，侧身北望泪沾巾。”然而代远年湮，古塞雁门这古老的战场已经随着岁月的流逝而渐渐荒废。不过，随着近年来大规模地修复开发，古老的雁门关又重展雄姿，大放异彩。

修复后的关城，周长千米，墙高约6米，石座砖身，雉堞为齿，有三个洞口，分别叫做小北门、东门、西门。其中小北门又称翁城门，为石砌门台，砖券门顶，格外雄固。在门额之上，牌匾书刻“雁门关”三个大字，洞门两侧镶嵌砖镌楷书楹联：“三关冲要无双地，九塞尊崇第一关。”

关城的东门是天险门，为石基砖券，高12.5米。门洞上方额匾书刻“天险”

二字，门洞内青石板为明代原物，600多年前清晰的车辙印在向人们诉说着这里多彩而辉煌的过往。天险门上建有关楼，又名雁楼。楼面阔5间，进深4间，重檐歇山顶式，四周设有回廊。楼内空畅，历史上主要供兵丁巡察、瞭望。

与天险门对应，关城的西门石座砖身，额匾书刻“地利”二字。此门坐向南北，所建门楼为杨六郎祠，两侧塑孟良、焦赞像，供设铁刀一把。相传这把铁刀是杨六郎于北宋仁宗年间留下的。当时他任元帅驻守雁门关，此刀是他兵临绝境时以智取胜、以少胜多的见证。

★★★ 边城民居的木构技艺 ★★★

杨家将曾在代县镇守边关，他们留给代县的，不只是一段段可歌可泣的英雄史，还有代县民居那富有地方特色的民间木结构建筑艺术，这是杨家将镇守三关时随军的木匠所带来的。他们利用丰富木材资源建造的土木结构民房和寺观庙宇，虽然历经了五百余年风雨侵蚀和地质灾害，大木架仍然保持完好，足见工艺之精湛。

这些随军木匠的木工技艺代代相传，成就了“雁门杨氏木工技艺”，也就是被列入国家级非物质文化遗产保护名录中的“雁门民居营造技艺”，目前包括全国仅有的扇股麻花挑角技术及工艺、传统多层建筑的梁架结构起重运料安装技术及工艺、传统建筑的彩画和塑像技术及工艺等。

“雁门民居营造技艺”有着传统建筑实用、省料、美观的特点，特别是美观，这在代县民居中得到了集中的展现。随意走进一处民居中，满眼的雕梁画栋，砖雕、石雕、木雕，这些可以被视为艺术的东西，在代县这个历史上中原文化和少数民族文化融合交流的重要地区却是司空见惯的。

同时“雁门民居营造技艺”在古建筑的维修、复建、拆迁、装修等方面也具有重要作用。代县是一座历史文化古城，其境内众多文物古迹皆有研究历史发展和建筑艺术的价值，遗存至今的古建筑，特别是大量的明清建筑，带来了庞大的维修工作量。据了解，近几年来，“雁门民居营造技艺”已经在代县边靖楼、雁门关关楼、代州文庙、应县木塔等国家重点文物保护单位的维修、复建中发挥了关键作用。

【徐州】

★★★ 硝烟铸就英雄史 ★★★

徐州古称“彭城”，它“东襟淮海，西接中原，南屏江淮，北扼齐鲁”，素有“五省通衢”、“北国锁钥”、“南国门户”之称，战略地位十分重要，历来为兵家必争之地。“自古彭城列九州，龙争虎斗几千秋”，“九里山下古战场，牧童拾得旧刀枪”，这些在徐州传唱已久的谣谚折射出了这座古城刀光剑影的战争史。

据史册记载，从我国历史上第一个奴隶制国家夏朝起的4000多年里，在徐州一带发生较大规模的战争就有400余起，其中万人以上规模的达200多起。这些战争最早的可以追溯到春秋时期的彭城邑。鲁成公十八年（公元前573年），围绕宋国的彭城邑发生了彭城之战。以楚、郑为一方，晋、宋为另一方，吴未直接参战，齐参加晋盟但未出兵，前后涉及13个诸侯国，历时8个月。当时驻守彭城的战车达“三百乘”，按部队编制，每一乘包括1车4马，甲士3人，兵士72人，三百乘合计2.25万人。由此可见，作为宋国陪都的彭城，颇有“千丈之城，万户之邑”的规模，显要的军事战略地位初露端倪。

公元前202年，楚汉大战，韩信曾率30万大军在横亘于徐州西北郊的九里山布下“十面埋伏”，将楚霸王项羽所率领的楚军围困于此，双方展开了一场激烈的战斗。当时，樊哙立于山顶，以舞旗为号，指挥调遣汉军进攻。由于樊哙手中的旗杆频频舞动，以致旗杆在一块大石头上磨出了一个大坑，这个长3米、宽1.3米、深1.7米的大坑后来被称为“磨旗石”。而项羽面对强敌，拼命突围，人困马乏。危急之中，项羽军中有个做过石匠的士兵，为了让项羽有一个躲风避雨的地方，就悄悄地在九里山的西山腰凿开一个石洞，这就是白云洞。项羽就藏在这洞中指挥楚军作战，并秘密部署士兵由此挖掘隧道，最后领兵从隧道中逃出了韩信所设的埋伏圈。著名的琵琶名曲《十面埋伏》中“九里山大战”一章所描绘的，正是这场战争中波澜壮阔的场面。

★★★ 户部山上的古民居 ★★★

回顾历史，对徐州影响最大的灾害有两种，一种是战乱，而另一种就是水患。明天启四年（1624年）黄河暴涨，徐州户部分司署主事张璇在溃堤的前一天告示全城，并将办公机构迁至了徐州南门外的南山上。后来“因筑垣修宇，遂为署焉”，这里就改名为户部山。从那以后，户部山成为富商大贾建房造屋之地，故有“穷北关，富南关，有钱人住在户部山”的民谣。

从明末至民国初年的几百年间，户部山周围高宅大院密布，民居鳞次栉比。其中既有甲第官宦之家，也有富商之宅、书香门第。这些古建筑依山就势，参差错落，构思巧妙，是苏北乃至苏鲁豫皖接壤地区少有的一处古民居建筑群。它们既有北方四合院的规整划一，又有南方民居的曲折秀美。墙体多用青石与青砖，梁架用材硕大，雕梁画栋，琢刻精细，并有“里生外熟”及“鸳鸯楼”等独特的建筑方式。所谓“里生外熟”是指垒砌的墙体分为两层，外层为砖砌的清水墙，内层为土坯，这种建造方式既降低了造价，也能起到很好的保温作用，使房间内冬暖夏凉。而鸳鸯楼的建筑形式属国内仅有。这是由于户部山古民居多依山而建，可谓地无三尺平，为充分利用地形地势，减少工程量，才在落差较大的地方建造了独特的鸳鸯楼。这种楼分为二层，上下叠压，底层墙体部分利用了原有山体，楼内天梯，楼上楼下的门朝向相反。这反映了徐州人改造自然、利用自然的聪明才智，是徐州人在建筑史上的一个卓越创造。

★★★ 汉家也有兵马俑 ★★★

在徐州，能够体现古人非凡创造力和聪明才智的，除了户部山上的古民居，还有市区东郊狮子山西麓的汉代兵马俑。据初步推测，狮子山汉兵马俑坑的主人最有可能是第三代楚王，根据史书记载，他的名字叫刘戊。

如果说秦兵马俑是以秦军中体魄健壮高大、装备齐全的将士为模特，以写实的手法塑造出来的话，那么狮子山汉兵马俑则是楚国雕塑艺术家以写意手法创作出来的艺术珍品，它们更重视传神和表现复杂的感情。狮子山汉兵马俑从整体来讲，显得比较拘谨，基本没有大动作的实战姿态，各类俑的职能多是通过手的各种姿势变化显现的。这些俑表情多深沉肃穆，特别是咧嘴欲哭的发辫俑群体，表现出阴郁深沉的情感，凸现了塑造这支队伍的主题思想。不过，在俑群中，也有少量表情明快者，这大约当与匠师们不同的境遇有关。

但与秦兵马俑相比，更重要的是狮子山汉兵马俑的制作方法是模制，向模具化的制作前进了一大步。据研究，狮子山汉兵马俑的基本制作方法是：首先以手工雕塑出各种俑类的母模，然后按照母模分部位制作分模，再依分模制作俑坯，而后把各部位粘接成形，并修整定型，阴干后入窑焙烧，出窑后施彩，把头和身躯组装起来，成为一件完整的陶俑。

★★★ 汉画像砖 ★★★

汉画像砖是一种表面有模印、彩绘或雕刻图案的建筑用砖，它形制多样、图案精美、主题丰富，深刻反映了汉代的社会风情和审美风格，是我国美术发展史上的一座里程碑。从上个世纪60年代开始，许多汉画像砖陆续在中原一带出现，这些砖上绘有阙楼桥梁、车骑仪仗、舞乐百戏、祥瑞异兽、神话典故、奇葩异卉等，内容珍奇，画技古朴，成为研究我国汉代，特别是东汉时期政治、经济、文化、民俗的宝贵文物。若干年来，汉画像砖一直为学界、艺术界、收藏界所珍视，许多硕儒名士收罗品题，殊为雅事，就连汉画像拓片也成为一纸难求的“宝物”。

长城线上的“九边重镇”

地处现今陕西省最北部，在陕北黄土高原和毛乌素沙漠南缘交界处，也是黄土高原和内蒙古高原过渡区的榆林，素来就有一句谚语叫“北台南塔中古城，六楼骑街天下名”。

其中这“北台”，说的便是位于榆林市城北4千米之外红山顶上的镇北台了。镇北台据险临下，控南北之咽喉，如巨锁扼边关要隘，为明万历三十五年（1607年）四月至次年七月，延绥镇巡抚涂宗浚在红山之顶修筑的明长城上最大的军事瞭望台，是明长城沿线现存建筑规模最为宏大、气势最为磅礴的要塞之一，素有“中国长城三大奇观（东有山海关、中有镇北台、西有嘉峪关）之一”

如果说西安见证了中国古代史上最为绚丽的一页，那么榆林则见证了中国古代边塞史上最为悲壮的一页。

和“万里长城第一台”之称。

而所谓的“中古城”，是指榆林古城。榆林古城是农耕民族为防御北方游牧民族南下侵扰而构筑的工事。它位于长乐堡与保宁堡之中，并且东依驼峰山，西临榆溪河，南带榆阳水，北镇红石峡。所以明代把这座巍然雄镇列为九边重镇之一——延绥镇的驻地。据《延绥镇志》、《榆林府志》记载，明洪武二年（1369年）建榆林寨。正统二年（1437年），朝廷令驻守绥德延绥镇的都督王祯在榆林庄（今普惠泉处）始筑榆林城堡，“城座不过百矩”。成化八年（1472年）延绥镇巡抚余子俊在城北（今官井滩）增筑城垣。成化九年（1473年），将延绥镇治所由延绥移驻榆林城堡，延绥镇因此改称榆林镇。

至于“六楼骑街天下名”，指的是在榆林古城老街上耸立着六座古楼阁。这六座古楼阁沿古城南北中轴线排列，依次是文昌阁、万佛楼、新明楼、钟楼、凯歌楼和鼓楼。它们均砌有高大拱洞或排柱，其下车辆皆可并行，因而有“六楼骑街”的美名。六楼贯穿南北，是榆林古城曾经作为“九边重镇”的辉煌历史的见证。

★★★ 美丽的红碱淖 ★★★

红碱淖地处鄂尔多斯草原与毛乌素沙漠的交汇处，水域面积有67平方千米。其上水光粼粼，烟波浩淼，景色壮观，融草原风光与江南泽国景象于一体，素有“大漠明珠”的美称。红碱淖还被称作“昭君泪”，这来自当地一个美丽的传说。据说王昭君当年远嫁匈奴，走到尔林兔草原，即将告别中原时，下马回望，想到从此乡关万里，恐怕一辈子也难以回还，顿时千般感慨、万般惆怅涌上心头，这一驻足，便流了七天七夜的眼泪，眼泪汇成了这一汪六七十平方千米的红碱淖。王母娘娘为此感动，便派七仙女下凡，仙女们各持一条彩带，从七个不同的方向向其走去，于是现在就有了七条季节河同时流入“昭君泪”。

★★★ 红石峡：刻在岩壁上的沧桑 ★★★

走出榆林古城，溯榆溪清流北上，行约七八千米，就到了长城口上的红山脚下。到了红山，就可看见一座俊秀挺拔的山门楼子，越过门楼，首先扑面而来的便是两边东西相峙的赭色石崖，这就是名冠边塞的红石峡。

这条长约350米的峡谷分南北两段。北峡两壁中分，其上都是榆溪水汇聚而成的天然湖泊，浮金耀银，一股清流溢出湖面，形成一道飞流直下的瀑布，然后穿越西壁石窟而南下。站在岩头，只听闻水石相击，如狮吼，如雷鸣；波翻浪滚，似雾起，似云涌；登临洞口，顿觉寒气扑面，冰凉爽人，历来被赞为奇观，有“蛟窟龙窝”的美誉。

而南峡的东崖和西崖上有琳琅满目的摩崖石刻和洞窟，特别是石刻，竟多达160余幅。诸家书法在这里绽放异彩，字大者达6米，小者不及寸，草书、隶书、篆书俱全，更有少见的蒙文石刻。其中，晚清将领左宗棠所题对联“白云初晴如月之曙，黄唐在独与古为新”文采飞扬，仿佛在向我们诉说着这位臣子的伟大抱负。还有革命先烈杜斌题刻的“力挽狂然”四字，苍劲有力，表明了他雄劲的胸怀。

★★★ 盘龙山下忆闯王 ★★★

旧时文官、武将、儒士来榆林，必要前往红石峡设宴讽咏唱和。而现在，人们来榆林，也一定会去榆林市东部米脂县的李自成行宫凭吊“闯王”李自成。

李自成行宫是明崇祯十六年（1643年）修建的，位于米脂县城北的盘龙山上。至盘龙山脚，首先看到的是一座气宇轩昂的亭阁——八卦亭（又叫梅花亭）。只见八卦亭凌空欲飞，一顶硕大的国冠像宝珠一样嵌在中央，照耀八方。八卦亭的对面是一座乐楼。乐楼背面直立，前呈弓形，下由四柱支撑，在建筑结构上很是别致，给人一种劲秀的感觉。厢楼在乐楼两旁，排列有序。这几处建筑浑然一体地构成了一片和谐的小天地。绕亭东行，是一条陡峭的石阶，斜斜地上山而去。阶旁立一座石碑坊，上刻有石人、石马，正面是一副对联，上联是“灵区直移蓬莱景”，下联是“福地还开兜率宫”，道教气息颇浓。再走几步，是两根冲天而起的旗杆。过了旗杆，又是一条陡峭的石阶，好像是从山上甩下来的一条云梯。上了石阶也就进了“二天门”，两厢各有偏殿与阁楼。进了“二天门”，还要通过一条向上的石拱道，在南道尽头蓦然抬头，眼前变得豁然开朗，这才进入了建筑的主体部分。环视前后，只见凌空而起的玉皇阁、富丽堂皇的启祥殿、兆庆宫以及钟、鼓二楼，一座座错落有致，规模宏大。尤其是启祥、兆庆两座正殿十分庄严，廊腰漫回，雕梁画栋，金碧辉煌。

如今，一座玻璃钢制作的闯王雕像安置在正殿之中，他目光炯炯地凝视着远方，眼中似乎闪烁着希望之光；那铁浇铜铸的头颅，不屈地略略昂着，显示出一股英武的凛然之气来。站在雕像前，让人不禁缅怀起闯王那惊天动地的英雄业绩。

★★★ 桃花水铸豆腐城 ★★★

大凡古城，都有各自不同寻常的味道，榆林也不例外。陕北人有一个谜语：“上石崖，下石崖，白胡子老汉迸出来。”这几句话描述的是在石磨上磨豆腐的情景。

豆腐是中国人发明的，在被发明出来之后，豆腐普及程度想必是很快的，因为做豆腐的原料很简单，不就是大量的黄豆么？但是在陕北，偏偏就只有榆林一个地方被称为“豆腐城”，这是因为榆林豆腐的味道特别好。

切一块榆林豆腐，眼前的豆腐白得像羊脂，嫩得像从小娇生惯养没有受过一点委屈的大家闺秀。连清朝的皇帝康熙也直夸榆林豆腐好。相传有一年，康熙皇帝亲征准噶尔部噶尔丹时，在榆林城吃过一顿菠菜烩豆腐，觉得很鲜美，问及菜名，侍者回答：“清香白玉板，红嘴绿鹦哥。”康熙皇帝甚为欢喜，回京后命御膳房仿做，却怎么也做不出榆林豆腐的美味来。原来，这榆林豆腐要用桃花水做，离开了榆林自然就不能有榆林豆腐了，任你是皇帝也不行！正是因为榆林城有流淌不完的桃花水，所以豆腐业才极为发达，城中七十九道巷，差不多就有七十九座豆腐坊，可真是一座名副其实的豆腐城。

【襄阳】

★★★ 铁打的襄阳，纸糊的樊城 ★★★

被汉江一分为二的襄樊，南为襄阳，北为樊城。其中襄阳是因位于襄水之阳而得名。它始建于汉，东汉末为荆州牧治所，宋代由土城改为砖城，并筑瓮城，元末城垣大部被毁，至明洪武初年，湖广行省平章邓愈依旧址复建，明正德、嘉靖、隆庆和清顺治各代均重修、扩修。襄阳城城墙周长7311米，平面近方形，高10.84米，厚11~14米，原有阳春、文昌、西成、拱宸、震华、临汉六座城门，但现在仅存临汉门、拱宸门和震华门。

襄阳城的格局背山面水，西离山5千米，南离山2.5千米，东离江1.5千米。城西南有山峰十余座——万山、虎头山、真武山、凤凰山、岘山等，组成了襄阳城天然的外围屏障；北、东面依滔滔汉江为天堑。山城之间有平原、良田、自然河流和人工护城河，避开了山洪毁城和敌人依山攻城的危险，可谓“其险足固，其土足食”。而且各城门皆有瓮城，东南西门的护城河和防御设施范围宽达300多米，城高池深，易守难攻，实为“汉水之锁钥，江汉之屏障”。在步行、骑马、木舟横渡的时代，这些天然地理条件形成的屏障是难于逾越的，因而民间有俗语“铁打的襄阳”之说。

确实如此，襄阳在我国历史上一直是一个非常重要的军事重镇。尤其是在南北对峙的时期，襄阳的归属很大程度上决定着双方军事实力的强弱。例如，在三国时期，魏国以合肥、襄阳、祁山为其东、南、西三条战线的军事据点，这一优势在整个对吴、蜀的战争中发挥了巨大的作用。《三国演义》中就有关羽久攻襄阳未克的情节。

但是“铁打的襄阳”还有下一句，那就是“纸糊的樊城”。这是说襄阳城易守难攻，而樊城却刚好相反，洪水一来，整个城都有可能会被淹掉。外乡人不通水性，来到这里往往会因此吃大亏。在遥远的三国时代，曹军大将于禁和庞德就曾丧命于此——219年，关羽率军攻打樊城，曹操派于禁、庞德率领七支大军增援。曹军错误地把地势低洼的罾口川当成了驻军之地。时值秋八月，阴雨连绵，汉江暴涨，罾口川很快被淹。关羽乘机发起进攻，活捉了于禁，斩杀了庞德。这就是历史上赫赫有名的“水淹七军”故事。

★★★ 战争之外的风雅 ★★★

除了这些热闹的战争段子，襄阳人喜欢提及的还有这座城的雅致，比如，鹿门山和古隆中。

鹿门山位于襄阳城东南约15千米处，原名苏岭山。它濒临汉江，与同是文化名山的岘山隔江相望，四周还有狮子山、香炉山、霸王山、李家山四座各具雄姿的大山环抱，共同构成了圣山的风景：远远望去，五山如仙女，云遮雾绕，忽隐忽现，直叫人心驰神往，想投入其怀抱。近观诸山，狮子山秀、香炉山幽、霸王山雄、鹿门山峭、李家山旷，置身山中，仿佛徜徉在林木茂密、野花飘香的仙境。这群峰环峙、林密石怪、环境清幽的鹿门山，汉唐以来为文人雅士的集聚地，著名诗人孟浩然、张子容、白云、王迥等都曾在此地隐居过。全国各地不少名家才子到此相聚，使鹿门山成为了当时的一个文学艺术交流中心。所以，这里留下了众多瑰丽的诗篇：汉末名士庞德公不受刺史刘表数次宴请，携家登鹿门山采药；孟浩然官场失意幽居鹿门山，吟咏山水自得其乐；晚唐文学家皮日休也曾来到鹿门山……因此，世有“鹿门高士傲帝王”的说法。明景泰年间（1450~1456年），人们还在此建了“三高祠”，纪念这些先贤。

古隆中位于襄阳以西13千米的西山环拱之中。据《舆地志》记载：“隆中者，空中也。行其上空空然有声。”隆中因此而得名。古隆中是三国时期杰出政治家、军事家、发明家、文学家诸葛亮青年时代隐居的地方。诸葛亮本是山东琅琊人，幼年失去了双亲，后随叔父至荆州，17岁叔父亡，独自来到襄阳隆中，躬耕苦读，留意世事，被称为“卧龙”。后来刘备三顾茅庐，诸葛亮全面分析了天下群雄割据的局势，提出了“三分天下，而后一统天下”的谋略，这就是著名的《隆中对》。因此，古隆中历来就被寒窗苦读的学子所推崇，西晋时期已有纪念性建筑，距今有1700多年历史。明代这里形成了“隆中十景”：三顾堂、躬耕田、小虹桥、野云庵、六角井、老龙洞、梁父岩、抱膝石、古柏亭和半月溪。

第四章 难忘红色岁月

【遵义】

★★★ 娄山关西风烈 ★★★

遵义位于贵州省北部，北依大娄山，南临乌江，古为梁州之城，是由黔入川的咽喉，为黔北重镇。而距遵义50千米，位于遵义、桐梓两县交界处的娄山关，更是北拒巴蜀，南扼黔桂，为“黔北第一险要”。

娄山关又名娄关、太平关，处于大娄山主脉的脊梁上，是一个沿裂隙溶蚀而成的隘口，海拔有1226米。它的四周是悬崖绝壁，山峰均高达1400—1600米，其中东西两侧为大小尖山锁峙，南北则是高差为400米的峡谷。所以，娄山关素有“一夫当关，万夫莫开”之说。

如此险要的地理位置，自然是兵家必争之地。娄山关被载入史册，成为全国人民向往的革命胜地，是在1934年10月中国工农红军开始二万五千里长征之后。1935年1月初，中央红军在毛泽东、周恩来、王稼祥、张闻天、朱德等人的率领下，由南向北分三路突破乌江，进军遵义城。中央军委命令红一军团一个团追歼黔军侯之担部，攻下娄山关，占领桐梓县城。但红军过关之后，敌军卷土重来，再次占领了娄山关。至1月9日，红军抢占关口，缴获大批物资，俘敌数百人。1月10日，红军分两路追歼敌人，大部队赶到桐梓，与川军对峙，为保证遵义会议的顺利召开创造了有利条件。到1935年2月，中国工农红军第一方面军二渡赤水，回师黔北，剿灭黔军四个团，又攻下了娄山关，获得了长征以来第一次巨大的胜利，迎来了遵义会议的曙光，为遵义大捷拉开了序幕。从此，红军战斗过的娄山关便成为黔北有名的革命纪念地。

从历史上看，娄山关一役关系着中央红军的生死存亡。为了纪念这段伟大的历史，中共贵州省委决定立碑刻石。如今，这块有几人高的巨大屏风式石碑巍然镶嵌在关口山体上。其上镌刻的毛泽东《忆秦娥娄山关》手迹全文，金箔帖字，灿烂夺目，仿佛一团熊熊燃烧的战火，正向我们展示着当年惊心动魄的情景。

★★★ 小楼里，命运大转折 ★★★

正如大家所知，1935年1月娄山关一役为保证遵义会议的顺利召开创造了有利条件。而这次遵义会议则是在遵义老城子尹路上一座私人官邸召开的。

这座私人官邸修建于二十世纪三十年代初，原是黔军二十五军第二师师长柏辉章的府邸。它的大门临街，大门正中高悬黑漆巨匾，上有毛泽东于1964年11月题写的“遵义会议会址”六个大字，苍劲有力，金碧辉煌。这也是毛泽东为全国革命纪念地题字的唯一一处。

进大门，穿过厅，迎面是一座巨大的砖彻牌坊，上有彩瓷碎片嵌字，前为“慰庐”，后为“慎笃”。过牌坊是小天井，天井北侧就是遵义会议会址的主楼。这幢砖木结构、中西合璧的两层楼房，高墙垂门，巍峨庄严，是当时遵义城里首屈一指的宏伟建筑。它坐北朝南，一楼一底，为曲尺形。四周有回廊，檐下

遵义会议纪念馆大门匾额上的六个大字——“遵义会议会址”为毛泽东题写，悬挂至今已有40多年了。

柱间有十个券拱支撑，保留了我国古建筑“彻上明造”的结构风格。而上下的门窗，全漆板栗色，所有窗牖均镶嵌彩色玻璃。至于歇山式屋顶，则盖有小灰瓦，还开有“老虎窗”。

1935年1月15日至17日，就是在这栋小楼里，中共中央召开了政治局扩大会议。会议通过了关于反对敌人五次“围剿”的总结决议，纠正了军事上和组织上的错误，并做出了相应的调整。会议肯定了毛泽东的正确主张，选举毛泽东为政治局常委。随后，中共中央又对最高领导进行了更换，并成立了三人军事领导小组，从而结束了王明“左倾”冒险主义在中共中央的统治，开始了以毛泽东为核心的新的正确领导，为红军胜利完成二万五千里长征奠定了基础。

★★★ 湘江河畔祭英雄 ★★★

在遵义会议会址的楼层走廊上，可以凭眺四围苍翠挺拔的群山，如凤凰山。而在凤凰山南麓的小龙山上，则坐落着红军烈士陵园。整个陵园坐北朝南，前临湘江河，与昔日红军二占遵义时同敌军鏖战的红花岗、老鸭山遥遥相望。

这座湘江河畔的烈士陵园是中华人民共和国成立后修建的。原来，遵义人民不忘长征途中牺牲的红军将士，在当年战场遗址找到了77座红军将士的坟墓。在1953年，当地市政府决定在小龙山上修建红军烈士公墓，将烈士们的遗骸陆续集中迁至这座山上，同时把早已远近闻名的“红军坟”也从桑木椏移到了小龙山。从此，经过40年来的维修整理，才建成了现今这座颇具规模的红军烈士陵园。

走进陵园大门，沿石阶而上，在陵园顶端的平台上，首先映入眼帘的是一座气势磅礴、造型设计别致的红军烈士纪念碑。碑的正面是1984年11月2日邓小平同志题写的“红军烈士永垂不朽”八个大字，阴刻贴金。整个碑高30米，下宽6米见方，顶宽2米见方。碑的顶端是5米高的镰刀锤子标志，其表层是氮化钛合金片，呈鱼鳞状结构，在阳光照射下熠熠闪光。碑的外围是一个直径20米，高2.7米，离地面2米的大圆环；环外壁上镶嵌着28颗闪光的星，象征着中国共产党经过28年的艰苦奋斗，取得了革命胜利。这一胜利，是千千万万红军烈士用鲜血换来的，他们虽死犹荣，他们的革命精神永放光芒。

南昌

★★★ 八万平方米的纪念 ★★★

在1927年8月1日那一天，由周恩来、刘伯承、贺龙领导的南昌起义打响了武装反抗国民党反动派的第一枪，揭开了中国共产党独立领导武装斗争和创建革命军队的序幕。八月一日就此成为中国人民解放军诞生纪念日。

如今，在这次起义发生的地点——革命英雄城南昌市区的中心，一座面积达八万平方米的广场正以肃穆而又庄严的姿态，纪念着那段风起云涌的岁月。这就是八一广场。八一广场在解放前是一片荒地，建国后数十年来几经改造，如今已绿草成茵，华灯成行。广场以八一起义纪念塔为标志，以历史文化为载体，处处展现着八一精神。

耸立在广场中心的八一起义纪念塔，被誉为英雄城的城徽。它于1977年八一起义五十周年时破土兴建，1979年1月8日落成。其塔身基座有27个台阶，意指一九二七年。塔身高44.5米，正面镌刻着叶剑英元帅题写的“八一南昌起义纪念塔”九个铜胎鎏金大字，下嵌“八一南昌起义简介”花岗石碑。其他三面是“宣布起义”、“攻打敌营”、“欢呼胜利”三幅大型花岗石浮雕。而塔身两侧各有一排翼墙，嵌有青松和万年青环抱的中国工农红军旗徽浮雕。塔顶则由直立的花岗石雕步枪和用红色花岗石拼贴的八一军旗组成。

整个纪念塔造型雄伟挺拔，寓意深刻，上下还分别设置有6层灯光和多组投射灯，使塔身在夜间也显得明亮通透，昭示人们八一军旗永远鲜红亮丽。

★★★ 军旗从这里升起 ★★★

在南昌这个升起第一面八一军旗的英雄城，人们怀念先烈的好去处除了八一广场，还有一处不得不提，那就是八一起义纪念馆。

八一起义纪念馆地处南昌市中山路段。它始建于1922年，1924年建成，原为江西大旅社。江西大旅社是一幢呈银灰色、坐南朝北、楼高四层的回字型建筑，采用中西合璧的建筑风格，外观以具有西洋情调的水泥浮雕装饰门窗，楼内则有一宽大的天井，天井里放有四口防火用的大水缸，显示出我国传统建筑的独特格局。

当时的江西大旅社共有客房96间，设有茶楼酒馆，是二十年代南昌城内首屈一指的豪华大旅社。而且它地处闹市区，来往人员复杂，因此，在这里进行革命活动要非常隐蔽。1927年7月，为筹划起义，革命先辈以贺龙所率国民革命军第二十军第一师司令的名义，包租下了整个旅社。他们把江西大旅社的喜庆礼堂这个原是给有钱人做寿办喜事用的地方，临时作为会议室，在此多次召开重要会议，研究和部署起义的有关问题。7月27日，就在喜庆礼堂内，以周恩来为书记的中国共产党前敌委员会宣告成立，江西大旅社便成为了南昌起义的总指挥部。

1957年，在这个具有重要历史意义、这个八一军旗升起的地方，“南昌八一起义纪念馆”建立起来了。纪念馆大门临街而立，门楣上悬挂着陈毅元帅手书的“南昌八一起义纪念馆”金匾。一楼按原貌恢复了当年曾举行过领导会议的喜庆礼堂。二楼、三楼辟了四个陈列室、一个题词纪念室，以及一个大型沙盘模型室。此外，还按原貌恢复了周恩来、林伯渠等起义领导人的居室，以及军事参谋团、警卫连、卫生处的部分住房。

时隔四十年，也就是1997年，“南昌八一起义纪念馆”被中宣部命名为全国百家爱国主义教育示范基地，时任中共中央总书记的江泽民同志还亲自为该馆题词“军旗升起的地方”。

【保定】

狼牙山顶忆勇士

狼牙山坐落在河北省保定市易县西部的太行山东麓，距县城45千米，因奇峰林立，峥嵘险峻，状若狼牙而得名。它由5坨、36峰组成，主峰莲花瓣海拔1105米，西北两面峭壁千仞，东南两面略微低缓，各有一条羊肠小道通往峰顶。登得峰顶，可见千峰万仞如大海中的波涛，起伏跌宕。近望两侧，石林耸立，自然天成，大小莲花峰如出水芙蓉傲然怒放，锏峡云雾缥缈，神奇莫测。

但是，真正使狼牙山驰名中外的，并不是它绮丽的风光，而是抗日战争时期八路军五勇士浴血抗击日寇、舍身跳崖的英雄壮举。抗日战争时期，狼牙山是著名的抗日根据地。1941年9月25日，五位八路军战士为掩护部队机关和当地群众转移，将日伪军引上狼牙山棋盘坨下的牛壶峰巅，这里三面绝壁，异常险要。当手榴弹、子弹打光后，五勇士宁死不屈，纵身跳下了身后深不见底的悬崖。

为了继承和发扬五勇士的精神，人们在狼牙山棋盘坨顶峰跳崖处修建了五勇士纪念塔。这座塔呈乳黄色，全部是钢筋混凝土结构。它占地69平方米，底座直径3.06米，高21.5米，塔身5层，呈正五边形，塔顶设凉亭式黄琉璃瓦塔帽，塔身正面（南面）嵌有聂荣臻题写的“狼牙山五勇士纪念塔”九个金黄色大字。在与塔底同高的一面汉白玉旗上，还镶嵌着五勇士浮雕像。而与塔底层相连，向东则有一碑廊，碑廊东端是一碑亭，亭内有一个六棱大理石碑，碑上刻有彭真、聂荣臻等人的题词。

另外，值得一提的是，在五勇士纪念塔内，有钢梯直通塔顶。上塔顶凉亭俯瞰，千峰竞立，浮云缭绕，狼牙山雄姿尽收眼底。人们至此，瞻仰当年五勇士英勇杀敌和舍身跳崖之处，缅怀勇士，千般感慨，万缕情思，不禁油然而生。

白洋淀：芦苇荡的枪声

如果说光听“狼牙山”这个名字你就能感觉到它的险峻，那么提到白洋淀，你脑海中是否就出现了那浩浩荡荡的芦苇？

位于保定安新县境内的白洋淀，旧称白羊淀，又称西淀，是在太行山前的永定河和滹沱河冲积扇交汇处的扇缘洼地上汇水形成的湖泊。它水域辽阔，如同一个巨大的胃，汇集了从南、西、北三面流来的唐河、府河、漕河、拒马河等九条河水，然后从淀泊东面经赵王新河、大清河汇入海河。这里四季景色分明，水天一色，美不胜收。春天，芦苇出水，满淀青翠，每逢清晨，红日映透云彩，白洋淀好像披上了绿带霞衣；夏天，淀水涨满，鱼跃水面，绿苇摇曳，菱叶灿灿，荷花吐艳，一派水乡景色；秋天，芦花纷飞，稻谷飘香，鸭鹅成群，莲菱遍布，小舟穿梭往来，渔歌此起彼伏；冬天，地冻冰封，一片碧玉，恰似一面巨大的明镜镶嵌在冀中的原野上。白洋淀素有华北明珠之称，亦有“北国江南”、“北地西湖”之誉。

但白洋淀不仅仅是四季竞秀、妙趣天成之地，它还是雁翎神兵扬威之处，“小兵张嘎”造就之域。抗日战争时期，在淀泊相连、苇壕纵横的白洋淀里，有一支神出鬼没、来无影去无踪的游击队。队员们时而化装成渔民，巧端敌人岗楼；时而出没在敌人运送物资的航线上，截获敌人的军火物资；时而深入敌人的后方，为民除掉通敌的汉奸；时而头顶荷叶，嘴衔苇管，隐蔽在芦苇丛中，伏击敌人的保运船。这支令敌人闻风丧胆、令百姓欢欣鼓舞的游击队，就是活跃在白洋淀的抗日武装——人称“水上飞将军”的雁翎队。

★ 夏日里的白洋淀

后来，作家徐光耀自“雁翎队”中取材，撰写了著名的《小兵张嘎》。《小兵张嘎》中的嘎子，因其“英气”与“嘎气”，已成为新中国几代人童年记忆中最灿烂的一部分，他让白洋淀那飘荡在茫茫芦苇里的枪声成为了人们难以忘怀的记忆。

★★★ 冉庄地道战 ★★★

雁翎队利用白洋淀芦荡遍布、沟河交错的有利地形，展开机动灵活的游击战，以弱胜强，痛击日本侵略军。而保定清苑县冉庄村的群众，则在无险可守的平原地区巧妙地设计了各种防御工事和地道口，采取不同的作战策略，在普通的村庄中创造出了不平凡的壮举。

冉庄地道以十字街为中心，有东西南北4条主要干线，其中南北支线13条，东西支线11条。另外，还有西通东孙庄、东北通姜庄的连村地道；有向东南通隋家坟和河坡的村外地道。这些地道全长16千米，形成了村村相连、家家相通、能进能退、能攻能守的地道网。它们的出入口设计十分巧妙，有的修在屋内墙根壁上，有的修在靠墙根的地面，还有的建在牲口槽、炕面、锅台、井口、面柜、织布机底下等处，伪装得与原建筑一模一样，使敌人很难发现。地道一般距地面2米，洞内高约1~1.5米，宽约0.8~1米，分为作战用的军用地道和供群众隐蔽用的民用地道两种。地道内还设有照明灯和路标，建有储粮室、厨房、厕所和休息室。为了充分发挥地道的优势，人们还在村里各要道口的房顶上修建了高房工事，在地面修建了地堡，把地道与地面工事有机地结合起来。而且，还根据不同的地形地势，分别在小庙、碾子、烧饼炉、柜台、墙角、墙根等处修筑了枪眼等。所有这些工事都和地道相通，既能观望，又能射击和拉雷，形成了一个连环的立体作战阵地。

对此，聂荣臻元帅曾亲笔题词：“神出鬼没、出奇制胜的地道战，是华北人民保家卫国、开展游击战争，在平原地带战胜顽敌的伟大创举。地道战又一次显示出人民战争的无穷伟力。”

★★★ 黄花岗英魂不朽 ★★★

黄花岗七十二烈士陵园，又称黄花岗公园，位于广州市区北面的白云山南麓先烈中路，是为纪念在黄花岗起义战役中牺牲的烈士而建的。

黄花岗起义是1911年孙中山先生领导的同盟会发起的一场反清运动。虽然这次起义集中了同盟会所有的人力、财力，作了长期的准备，但最终还是失败了，骨干成员牺牲了百余人。起义失败后，同盟会成员潘达微冒着生命危险，把散落的72位烈士遗骸收敛安葬于红花岗，并以秋日黄花（即菊花）喻烈士不屈的品格，于是红花岗改名为黄花岗。

1918年，爱国人士和海外华侨为了纪念在这次起义中遇难的烈士，捐资修建了黄花岗七十二烈士陵园。这座陵园布局庄严雄伟，既有我国传统建筑特色，又具埃及和西方古典建筑风格，在国内实属罕见。

陵园的正门宽32.5米，为一座三拱仿凯旋门式的建筑。门额上的花岗石刻有孙中山题写的“浩气长存”四个金色大字。走进烈士陵园，你会发现园内栽有各种开放黄花的植物。四季黄花不断，象征烈士精神不朽。而位于岗顶的72烈士陵墓，以麻石砌成方形墓基，四周绕以铁链栏杆，上有四柱方形钟顶碑亭，树有“七十二烈士之墓”石碑一方。其后面则是一座麻石建成的记功坊，它的上半部以72块矩形石块砌叠成金字塔形坊顶，造型别具一格，颇为壮观。坊额还镌有章太炎所题篆文“缔造民国七十二烈士记功坊”。

另外，在南墓道上，两条3米多高的连州青石透雕龙柱夹道相对，它们体现了革命先烈为中华民族腾飞而奋斗的磅礴气势。道旁还有碑林，镌刻有“自由魂”、“精神不死”等碑文，字字重千钧。

★★★ 黄埔军校：人生从这里改变 ★★★

黄花岗起义的失败并没有阻止革命的前进脚步，烈士们不朽的英魂还鼓励着生者继续奋斗。例如，1924年6月第一次国共合作时期，孙中山先生在中共和苏联的帮助下，为培养军事干部创办了黄埔军校，即中国国民党陆军军官学校。

黄埔军校位于广州黄埔区长洲岛。二十世纪二十年代，相对于面积仅9平方千米、兀立江心的长洲岛而言，黄埔军校的码头一直是军校与外界往来的唯一通道。因此，这个码头曾经定格了黄埔军校诞生之初的许多经典镜头：1924年6月16日清晨，孙中山偕夫人宋庆龄乘坐“江固”舰在此登岸，主持军校开学典礼；同年11月13日，孙中山北上共商国是之际，乘“永丰”舰经由这里，回到校园与师生们告别。满载着支援武器、飘扬着镰刀锤子旗帜的苏联船只也曾经一次又一次从这里驶入故人深深的旧梦中。想当年“到黄埔去”的口号一呼天下应，无数来自全国各地以及越南、马来西亚、新加坡的青年不远万里在此登陆，接受铁血锤炼……

不过，对于当时来自天南地北的有志青年而言，踏上这个码头就意味着放弃经商、务农、投考、入仕等前途，登上了革命征途的第一航站，翻开了命运崭新的一页。有黄埔老人告诉后辈：“我的一生，从踏上这个码头的那一刻彻底改变。”的确，几乎所有影响中国革命的大人物都曾在黄埔军校的大门出入往来过，在大门两旁的柱子上曾贴着这样一副对联：“升官发财请往别处，贪生怕死勿入斯门。”

【延安】

★★★ 枣园：革命年代的“中南海” ★★★

位于延安城西北8千米处的枣园原是一家地主的庄园。中共中央进驻延安后，这里成了中央社会部驻地。由此缘故，枣园改名为“延园”。

1944年至1947年3月，中共中央书记处也迁驻枣园，枣园因此成了革命年代的“中南海”。中共中央书记处在驻枣园期间，继续领导全党开展了解放区军民大生产运动，筹备了中国共产党“七大”，领导全国军民取得了抗日战争的最后胜利，并领导全国人民为争取民主团结、和平建国，同国民党顽固派进行了针锋相对的斗争，为粉碎国民党反动派的全面内战做了充分准备。

如今，枣园已成为全国革命传统教育的重要基地之一，人们纷纷前往此地来缅怀革命先辈。走进枣园，你可以看见院子右侧靠近山坡处，有一条渠水从院子中间穿流而过，这就是“幸福渠”。它长有6千米，是中共中央书记处进驻期间建成的，可灌溉土地80多万平方米，把枣园一带的旱地变成了水浇地，庄稼连年丰收。毛泽东旧居位于枣园东北的半山坡上，与周恩来和朱德的旧居左右为邻。窑洞面向西南，共分5孔，由右边起分别为会客室、办公室、寝室，其余两孔是工作人员住室。还有书记处小礼堂，这是一座砖木结构建筑，坐落在枣园中央，是当年中共中央书记处的会议室，也是俱乐部，关于重庆谈判的决议就是在这里确定的。

★★★ 双手搂定宝塔山 ★★★

著名文学家贺敬之的名句“几回回梦里回延安，双手搂定宝塔山”，讴歌的是位于延安城东南的嘉岭山，但因嘉岭山上有塔，通常也称作宝塔山。宝塔山自中共中央进驻延安后，就成了革命圣地延安的重要标志和象征。

而这宝塔山上的宝塔，就更是宝塔山的象征了。宝塔始建于唐代，高44米，共九层。虽然它的高度不算太高，却有一种难以言表的气势：塔尖直指苍穹，塔身洁白朴素，散发出淡淡的光辉，高瞻远望，气势凛然。从建筑风格上来看，典

宝塔山是延安的标志，也是革命圣地的象征。

型的楼塔结构看似极其普通，但却极具中国特色。想当年，汇聚在宝塔山下的人们从宝塔当中也得到了一个深刻的启示：中国特色，才是中国之路。以这里为中心，辐射于全国，以“星星之火，可以燎原”之势，点燃了中华民族开创未来的熊熊烈火，焚烧了旧世界，催生了新中国。时至今日，中国特色依然是历史的选择、时代的选择、民族的选择。宝塔，是灯塔，指引着中华人民前进的方向，见证胜利从延安走向全国。

★★★ 南泥湾岁月 ★★★

在延安这块红土地上，还有一个地方不得不提，那就是中国共产党军垦事业的发祥地——南泥湾。南泥湾位于延安城东南45千米处。百年前，这里人烟稠密，水源充足，土地肥沃，生产和经济都十分繁荣，可是到了明清中期，却由于战乱变成了一片野草丛生、荆棘遍野、人迹稀少、野兽出没的荒凉之地。在抗日战争进入相持阶段以后，南泥湾作为边区革命根据地，依靠贫瘠的土地，要担负起几万干部、战士和学生的吃穿用，实在是一件难事。正如毛泽东说的那样："我们曾经弄到几乎没有衣穿、没有油吃、没有纸、没有菜、战士没有鞋袜、工作人员在冬天没有被盖……我们的困难真是大极了。"

在这严峻的历史关头，1939年2月，中共中央及时地提出了"发展经济，保障供给"的总方针和"自己动手，丰衣足食"的号召，动员广大军民开展大生产运动。1940年，朱德总司令根据中共中央关于开展大生产运动的指示精神亲赴南泥湾踏勘调查，决定在此屯垦自给。1941年春，由于当时国民党反动派对陕甘宁边区及抗日根据地实行经济封锁，外面的物资无法运进，中共中央命令八路军三五九旅进驻南泥湾，在旅长兼政委王震的率领下披荆斩棘，开荒种地。没有房，就自己动手挖窑洞；没有菜，就挖野菜吃；没有工具，就自制锄、铲……就这样，广大军民硬是用自己的双手和汗水，将荒无人烟的南泥湾变成了"陕北好江南"。

1943年2月，在西北局高干会议上，毛泽东亲自为王震题词"有创造精神"，并嘉奖了三五九旅全体将士，命名为"发展经济先锋"。同年3月，延安文艺界劳军团和鲁艺秧歌队80多人赴南泥湾劳军。也就是从这时起，一首关于南泥湾的脍炙人口的歌曲诞生了："花篮的花儿香，听我来唱一唱，唱一唱。来到了南泥湾，南泥湾好地方，好地方……"这首歌经著名歌唱家郭兰英一唱，立刻红遍了大江南北。直到今天，每当唱起这首歌，那股战天斗地的奋斗精神依然令人感到热血澎湃。

第五章 边塞大漠行

张掖

★★★ 大西北的“丹霞山” ★★★

位于甘肃省河西走廊中段的张掖，其祁连山一带，有着气势磅礴的丹霞地貌。丹霞地貌是指红色砂岩经长期风化和流水侵蚀，加之特殊的地质结构、气候变化等自然环境的影响，形成孤立的山峰和陡峭的奇岩怪石，是巨厚红色砂岩、砾岩层中沿垂直节理发育的各种奇峰的总称。这种地貌主要发育于侏罗纪至第三纪的水平或缓倾斜红色地层中，以我国广东省北部丹霞山最为典型，丹霞地貌因此得名。

但张掖丹霞具有丹霞地貌和彩色丘陵的复合地质特征，色彩非常艳丽。并且，还具有明显的干旱、半干旱气候的印记，以交错层理、四壁陡峭、垂直节理、色彩斑斓而称奇。由于气候干燥，无植被覆盖，张掖丹霞看起来十分令人震撼——它集雄、险、奇、幽于一身，揽色彩斑斓为一体。

★ 张掖丹霞地貌

所谓的雄，即雄伟之美。这里的山峰由悬崖峭壁构成，许多崖壁高达几百米，拔起于平川或河岸之上，危岩劲露，光滑削齐，气势磅礴，苍劲雄浑，可谓“霞山拟岱宗，锦石粱父耳”，“仰觉日月低，俯睇宇宙小”，雄伟而富有力度，就连小尺度的石峰也似有擎天之力，充满阳刚之美。而险，为险峻之美。“无限风光在险峰”，唯险峻能激发人们的向上探索的精神，所以，只有智勇者能登之。在祁连山一带，大多山坡直立或呈反坡，令人望而生畏，近而发怵。古人有“绝壁当千仞，危崖一线开”、“飞鸟回翔不敢度”等诗句，形容祁连山丹霞的险峻之美实不为过。那奇，指奇特之美。纵目丹霞地貌群，怪石如林，似人似物，变化万千，堡状、锥状、塔状，像鸟、像兽、像鱼，形象各异，栩栩如生，组合有序，真可谓“横看成岭侧成峰，远近高低各不同”。这幽，是幽静之美。只见赤壁千仞，峰回路转，一步一景，人移景变，别有一番情趣。环望四周，雄奇险诡，千奇百怪，险象环生，怪石嶙峋，幽洞通天。石径两旁山峰耸峙，高山之巅石堡盘踞，犹如神秘的古堡向世人演绎传奇的神话故事，让人禁不住展开漫无边际的遐想与思古之情，“念天地之悠悠”，怀古今之万事。那烟岚雾霭之下，群峰深壑之间，人迹罕至之处，不知隐藏着多少未解之谜，等待着人们去寻觅探索。至于那美，是说形态之美、结构之美、色彩之美、意境之美、变幻之美。它们远看似染了红霞，近看则色彩斑斓，许多悬崖峭壁像刀削斧辟，直指蓝天，景色相当奇丽。并且，山峰随着时间、天气的变化，色彩也在不断变化，层次分明。早上可以看到日出的奇观，晚上可以看到绚丽的晚霞和恬静的夜色，雨天极目远眺，使人胸怀开阔。

★★★ 大佛寺：一觉到西天 ★★★

如果说张掖的丹霞地貌璀璨夺目，让人心潮澎湃，那么古朴素净的大佛寺则给人一种飘然出世的感觉。

张掖大佛寺以拥有全国最大的室内卧佛而闻名。它坐落在张掖城西南隅的街巷，原寺规模较大，不少建筑在解放前塌毁，现存有大佛殿、藏经阁、土塔三处。据史书记载，大佛寺初建于西夏永元年（1098年），明永乐、万历两代进行过修补，至今有八百多年的历史。

大佛殿是寺内的主体建筑，坐东面西，为两层楼。走进宏伟的大殿，迎面就是释迦牟尼的侧身涅槃像，即大卧佛。卧佛是木泥胎塑，金装彩绘，全身长34.5

米，侧卧肩高7.5米，光耳朵就2米多长，脚板4米长，登上二楼才能平视这巨大的身躯。卧佛头枕莲台，两眼半闭，嘴唇微启，右手展放在头脸下，左手舒展在大腿一侧，胸前画有斗大的“卐”字符号，为梵文的“吉祥海云相”之意。殿中还塑有弟子和僧众，他们面对释迦牟尼的涅槃，有的欢天喜地，有的则是痛哭不已，这是修行程度不同的反映，也就是“觉”——面露喜悦者，德行才显得精深。

这一玄机还隐藏在大佛寺内诸多的匾额、对联中。例如，“若睡若寐一场大梦，是色是空万古此身”、“一觉睡西天，谁知梦里乾坤大；只身眠净土，只道壶中日月长”等等，都在为卧佛“两眼半闭，嘴唇微启”的意境传神。而两块“无上正觉”、“才是大觉”的匾额更引起人们的思索。前者是乾隆二十四年（1759年）所题，后者是清顺治十一年（1654年）甘肃地方赞理军务都察院右副督御史佟延年所题，它们都突显一个“觉”字，可圈可点，道出了佛教的真谛。

★★★ 山丹军马 ★★★

汉武帝元鼎六年（公元前111年），骠骑将军霍去病远征匈奴得胜，在张掖设郡，取“断匈奴之臂，张中国之掖（腋）”的意思。这座边塞重镇便因此而得名。

在张掖地区山丹县南，有一处地势平坦的大草场。南背青藏高原，北依茫茫戈壁，皑皑祁连山、巍巍胭脂山两臂环抱，使这里的水草丰美异常，自古就是出产良马的地方。早在汉武帝时期，朝廷就在此地建立了皇家马场。我们知道，在冷兵器时代，马匹是衡量一个国家兵力强弱、国力盛衰的重要因素。随着汉代丝绸之路的打通，汗血宝马、乌孙马等一批西域良种马被引入，与当地的良马、野马杂交，繁殖出一种漂亮、健壮、比中原马奔驰更快、更有耐力的战马——汗血马，又称“新汗血马”。

如今，在山丹马场辽阔的草地上，随处可见一群群悠闲吃草的马儿，个个膘肥毛亮。这就是新汗血马的代表——山丹马。据专家介绍，山丹马是以当地马与顿河马（引自苏联的一个马种）杂交育成，含有四分之三的当地马血统和四分之一的顿河马血统，体质结实，对高寒山地适应性强，能驮能载，因而被作为我国的军马。

【敦煌】

敦，大也；煌，盛也

敦煌的得名来自于这句话：“敦，大也；煌，盛也。”这个沙漠中的绿洲在玉门关西却并不孤悬漠外，它正好是汉文化向西的出口，是希腊、印度中亚文化东来的入口，注定成为几大文明交融的地方。但敦煌之所以成为敦煌，是因为它不只是一个交通隘口，不只是兵家必争之地，更是中亚、东亚十字路口上一个书写的地点，一个从事艺术的地点。当年玄奘前往印度取经，往返途中都在敦煌或邻近地区逗留。敦煌用一千多年的壁画、塑像，用羊皮卷、绸卷、纸卷，书写了人类历史上少见的持续的艺术会。然而在这之前，神话已经在敦煌汇合；在这之后，艺术又在敦煌延续。时至明代，嘉峪关被封，敦煌逐渐被弃遗在沙海里，被湮没在几百年的世俗琐事之中。只有一些偶然路过的放逐官员、一些流亡者失魂落魄的眼睛曾在这条路上投来漠然的一瞥。

直到二十世纪初，敦煌突然被再次“发现”。俄国人越过西伯利亚进入中亚，英国人从阿富汗北上，法国人从中印半岛探向北方，阿古柏的叛乱，左宗棠的西征……敦煌成为各种力量会合的地点。就在二十世纪的第一年，一次偶然的流沙陷落使得洞壁大开，珍藏了不知多少世纪的五万卷经书露了出来，敦煌由此向现代世界掀开了自己的神秘面纱。

大漠古城的雄风

敦煌古城为汉敦煌郡治，位于党河中下游绿洲腹地。唐立沙州、元置沙州路、明设沙州卫，其城址一脉相沿，未曾他迁。据考证推测，可能是汉武帝时期的将领赵破奴从令居（西汉时古县名）向西进军，于汉元鼎六年（公元前11年）调集张掖、酒泉郡人力修筑了敦煌城这一西陲要塞，并筑有敦煌绿洲外围的土河、塞城以及马圈口堰水利枢纽。

敦煌古城现仅存南、北、西三面断壁残垣。东面已被水冲坍陷无余，在党河西岸河床上可找到部分基址。据残垣遗迹推测，古城范围南北长1132米，东西宽718米，就地取土，层层夯筑，夯层厚12厘米，垣基宽6~8米，残高4米多。古城四角筑有高大的角墩，今仍保存有16米多高，高出城墙一倍，下部夯筑，上部多为土坯垒砌。西墙正中残留门洞一座，当属西域无疑。该城为汉代故城，经西凉、唐代两次加固维修。城内西北一隅如今已被用作油库，其余均辟为农田，地表无遗物可觅。

现存的完整古城位于敦煌市至阳关公路的南侧大漠戈壁，距市中心25千米，是1987年为中日合拍大型历史故事片《敦煌》，而以宋代《清明上河图》为蓝本，仿造沙洲古城设计建造而成，建筑面积达1万平方米。

古城的建筑风格具有浓郁的西域风情，城开东、西、南三门，城楼高耸。城内由高昌、敦煌、甘州、兴庆和汴梁五条主要街道组成，街道两边配以佛庙、当铺、货栈、酒肆、住宅等，再现了唐宋时期西北重镇敦煌的雄风，被称为“中国西部建筑艺术的博物馆”。

★★★ 营造了千年的洞窟 ★★★

坐落在河西走廊西端的莫高窟以精美的壁画和塑像闻名于世。它始建于十六国的前秦时期，历经十六国、北朝、隋、唐、五代、西夏、元等

★莫高窟壁画

历代的兴建，形成巨大的规模，现有洞窟735个、壁画4.5万平方米、泥质彩塑2415尊，是世界上现存规模最大、内容最丰富的佛教艺术圣地。

莫高窟壁画是敦煌艺术的主要组成部分，画艺精湛，内容丰富多彩。和别的宗教艺术一样，莫高窟壁画描绘的是神的形象、神的活动、神与神的关系、神与人的关系以寄托人们善良的愿望，安抚人们的心灵，因此，壁画的风格具有与世俗绘画不同的特征。不过，任何艺术都源于现实生活，任何艺术都有它的民族传统，所以，它们的形式又多出于共同的艺术语言，或采用了共同的表现技巧。

在莫高窟壁画中，有俗人形象和神灵形象（佛、菩萨等）之分。这两类形象都来源于现实生活，但又具有不同性质。从造型上说，俗人形象富于生活气息，时代特点也表现得更鲜明；而神灵形象则变化较少，想象和夸张成分较多。从衣冠服饰上说，俗人多为中原汉装，神灵则多保持异国衣冠。另外，采用的晕染法也不一样，画俗人多采用中原晕染法，神灵则多为西域凹凸法。所有这些又都随着时代的变化而变化。

这其中，与造型密切相关的一个问题是变形。莫高窟壁画继承了传统绘画的变形手法，巧妙地塑造了各种各样的人物、动物和植物形象。时代不同，审美观不同，变形的程度和方法也不一样。早期变形程度较大，较多浪漫主义成分，形象的特征鲜明突出；隋唐以后，变形较少，立体感较强，写实性日益浓厚。变形的方法大体有两种，其中较为常见的是夸张变形——在人物原型基础上进行合乎规律的变化。如北魏晚期或西魏时期的菩萨，大大增加了手指和颈项的长度，嘴角上翘，形如花瓣，经过变形彻底成为风流潇洒的“秀骨治像”；而金刚力士则多为横向夸张，加粗肢体，缩短脖项，头圆肚大，棱眉鼓眼，强调体魄的健硕和超人的力量。

★★★ 藏经洞之谜 ★★★

如果说莫高窟壁画为中国美术史研究提供了重要实物，也为研究中国古代风俗提供了极有价值的形象和图样，那么莫高窟藏经洞则为研究中国及中亚古代历史、宗教、经济、文学、艺术等提供了数量极其巨大、内容极为丰富的珍贵资料。随着研究的步步深入，有人对藏经洞封闭的原因和时间提出了各自不同的看法。

英籍匈牙利人斯坦因就在他的《西域考古图记》一书中提出，藏经洞中的东西是从当时敦煌各寺院中收集来的神圣废弃物，因为在洞中所藏的包裹里发现了相当数量的汉文碎纸片、带有木轴的残经、丝带、布包皮、丝织还愿物、绢画残片、画幡、木网架等物，显得非常庞杂，不像是精心收藏的东西。此后，日本学者藤枝晃也主张“废弃说”这种说法，但提出废弃的原因是中国在五代宋初时期，印刷本经典取代了写本经典，寺院的书架为适应印刷本经典的存放而被改造和重新布置，以致手抄的卷轴经典没有合适的地方存放。

然而，荣新江先生在他的《敦煌藏经洞的性质及其封闭原因》一文中分析道：“‘废弃说’提出的理由还不够充足，其主要论据都可以作出相反的解释。藏经洞在发掘之初，洞中文献文物的堆放并非零乱不堪，而是整整齐齐的。藏经洞不到三公尺见方，而出土文献文物如此之多，如果真是零乱堆放是根本塞不下的。”所以，荣新江提出了自己的观点：藏经洞最有可能是因受1006年于阗王国被黑韩王朝消灭的牵连而避难封存的。黑韩王朝是五代末至南宋时期（约940~1211年）在今新疆和中亚某些地区使用突厥语的一个封建汗朝，也称作“黑汗王朝”。黑韩王朝的萨土克·止格拉汗于950年势力逐渐扩大，后来，黑韩王朝在1004~1006年间大举扩张进攻，消灭了崇信佛教的于阗国，扫清了继续向东进军的道路。于阗人因此大批逃亡到了沙州（即敦煌）等地，带来了数量颇大的于阗文佛典。而黑韩王朝攻灭佛国于阗的消息使得沙州一片惊慌，尤其是佛教界。一旦黑韩王朝继续攻下并统治沙州，则必然要砥佛灭教，杀尽僧侣。正因为如此，敦煌佛教寺院的僧侣们才把各种图画、绢画、铜佛等物，连同于阗人带来的于阗文佛经，一并掩埋在了藏经洞中。

★★★ 会唱歌的沙子 ★★★

不管是什么原因所致，莫高窟藏经洞都沉寂无闻了八百多年。与它长久的沉默不同，敦煌的鸣沙山则一直屹立于城南鸣响歌唱，千百年来少有间断。

出敦煌城向南6千米，一眼就看到连绵起伏的鸣沙山。它东枕西北明珠莫高窟，西至党河口，延绵40千米，南北宽20千米，高度100米左右，最高峰170多米。山全由细沙聚积而成，沙粒有红、黄、蓝、白、黑五种颜色，晶莹透亮。沙山形态各异：有的像月牙儿，弯弯相连，组成沙链；有的像金字塔，高高耸起，有棱有角；有的像蟒蛇，匍匐长卧，延至天边；有的像鱼鳞，丘丘相接，排列整齐。登山俯瞰，沙丘林立。如果有人从山顶下滑，沙粒随人体而落下，便会发出一阵阵轰响，近闻如兽吼雷鸣，远听如神音仙乐。大风绕山吹过，沙丘也会轰鸣作响，如金鼓齐鸣，扣人心弦。

关于鸣沙山的沙子为什么会歌唱，专家们有着不同的说法，目前比较认同的是“共鸣放大说”。这种说法认为沙山群峰之间形成了壑谷，是天然的共鸣箱。流沙下泻时发出的摩擦声或放电声引起共振，经过共鸣箱的共鸣作用，放大了音量，因而形成巨大的回响。但是古时候的人并不明白鸣沙唱歌的原因，所以这里还流传着不少动人的传说。相传，鸣沙山原本水草丰茂，后来有位汉代将军率军西征至此，一夜遭敌军偷袭，正当两军厮杀得难解难分之际，大风骤起，刮起了漫天黄沙，把两军人马全都埋入了沙中，从此就有了鸣沙山，而那奇怪的沙鸣便是两军将士的厮杀之声。

另外，还值得一提的是，在鸣沙山群峰环绕的一块绿色盆地中，有一泓碧水形如弯月，这就是月牙泉。历来水火不能相容，沙漠清泉难以共存，但是月牙泉就像一弯新月落在了这黄沙之中，在鸣沙山的怀抱中娴静地躺了几千年，虽常年受到风沙肆虐的袭击，却依然碧波荡漾，水声潺潺，其泉水清凉澄明，味美甘甜。对于月牙泉百年不为黄沙掩埋的不解之谜，地质学界历来有许多说法。有人认为，这一带可能是原党河河湾，是敦煌绿洲的一部分，由于沙丘移动，水道变化，才逐渐成为单独的水体。因为地势低，渗流在地下的水不断向泉中补充，才使之涓流不息，天旱不涸。然而，这种解释虽可看作是月牙泉没有消失的一个原因，却还是无法说明飞沙为何不落月牙泉。

吐鲁番

铁扇公主的火焰山

吐鲁番最能让人联想到的就是热，而这里热得最出名的便是火焰山。火焰山位于吐鲁番盆地的北缘，呈东西走向，其上寸草不生，飞鸟匿迹。每当盛夏，烈日当空，赤褐色的山体在阳光照射下灼灼闪光，炽热的气流翻滚上升，就像一团熊熊燃烧的火焰。

火焰山夏季最高气温达到47.8℃，地表最高温度则高达70℃，可以煮熟鸡蛋。可是，火焰山为什么会这么热呢？一直以来有几种说法。其中一种说法来自吴承恩，他在《西游记》中写到孙悟空大闹天宫时，打翻了太上老君的炼丹炉，这火焰山便是炉子里几块带着余火的炭落到人间形成的。当然了，这是神话传说。还有一种说法认为，火焰山的火来自于地下煤层的自燃。有学者在考察火焰山时发现这一带在历史上确实曾有烈火熊熊的时候，这是因为构成山体的地层中含有煤层。其中有的煤层厚达11米，它们发生过自燃，近地表较厚的已经自燃殆尽，至今还可以看见那留下的紫红色燃烧结疤。

虽然高温炙人，但火焰山山体却又是一座天然地下水库的大坝。正是由于火焰山居中阻挡了由戈壁砾石带下渗透的地下水，使地下水位抬高，在山体北缘形成了一个潜水溢出带，有多处泉水出露，滋润了鄯善、连木沁、苏巴什等数块绿洲，从而也造就了这一带的生命。

火焰山这种独特的自然地貌，再加上吴承恩将唐僧取经受阻火焰山、孙悟空三借芭蕉扇的故事写进《西游记》，使火焰山与唐僧、孙悟空、铁扇公主、牛魔王联系在了一起，赋予了火焰山浓郁的神话色彩，成为天下奇山。

白葡萄熟了

有火焰山盘亘在中北部的吐鲁番盆地位于欧亚大陆腹地，深居内陆，远离海洋，气候极度干旱，素有“火洲”之称。但在吐鲁番东北10千米处，却有一个“火洲桃花园”，这就是葡萄沟。

用无核白葡萄晾制成的葡萄干，含糖量高达60%，被人们视为葡萄中的珍品。

葡萄沟实际上是一条南北长约7千米、东西宽约2千米的峡谷。它的两侧山坡上，由于干旱缺水，除稀稀拉拉长有几棵零星的杨树外，几乎寸草不生。可葡萄沟内却别有洞天，从天山上融化的雪水在沟里终日流淌，潺潺流水，绿树成荫，营造出一片郁郁葱葱的景象，犹如绿色的海洋。不过，葡萄沟里最诱人的还要数那挂满枝头的葡萄。

这些葡萄有的晶莹如珍珠，有的鲜艳似玛瑙，有的绿若翡翠，还有的洁白像水晶，使人眼花缭乱，令人垂涎不止。而且，这无与伦比的美味也不昂贵，在白葡萄成熟的季节，只要你花上两元钱，主人就会给你一个大盘子，任你随意采摘。幸运的话，你还可以品尝到主人早已采摘好并事先浸泡在天山雪水中的白葡萄。

另外，在葡萄沟连成片的葡萄架下，为方便慕名而来的游客休息，还修建了数条葡萄长廊。游客在长廊的石条凳上纳凉、谈笑风生，一串串晶莹剔透的葡萄伸手可得，一阵阵果香沁人心脾。在长廊的尽头，还立有一块石碑，上面刻着“葡萄沟”三个鲜红的大字，与绿油油的葡萄藤架相映成趣。

★★★ 坎儿井：灌溉的奇迹 ★★★

行走在吐鲁番盆地，在浩瀚的戈壁滩上，经常能看见一行行排列整齐的锥形土堆，初看时，你也许会感到纳闷，这些到底是什么？当然不

然不是。这其实是被誉为“我国古代三大工程之一”，与蜿蜒万里的长城、纵贯南北的大运河齐名的坎儿井。

坎儿井在吐鲁番盆地大量兴建的原因与当地的自然地理条件分不开。吐鲁番是我国极端干旱地区之一，年降水量只有16毫米，而蒸发量可达到3000毫米，称得上是我国的“干极”。不过，吐鲁番虽然酷热少雨，但盆地北有博格达山，西有喀拉乌成山，每当夏季便有大量融雪和雨水流向盆地，渗入戈壁，汇成潜流，为坎儿井提供了丰富的地下水源。而且，盆地北部的博格达峰高达5445米，而盆地中心的艾丁湖却低于海平面154米，从天山脚下到艾丁湖畔，水平距离仅60千米，高差竟有1400多米，地面坡度平均约四十分之一，而地下水的坡降与地面坡降相差不大，这就为开挖坎儿井提供了有利的地形条件。另外，吐鲁番土质为砂砾和黏土胶结，质地坚实，井壁及暗渠不易坍塌，也为大量开挖坎儿井提供了良好的地质条件。因此，勤劳聪明的吐鲁番人民根据吐鲁番盆地的地理条件、太阳辐射和大气环流的特点，经过长期劳动生产实践，发明创造出了利用地面坡度引用地下水的独具特色的地下水利工程——坎儿井。

坎儿井这种新型的灌溉工程型式由竖井、暗渠、明渠和涝坝四部分组成。其中，竖井是供挖暗渠和维修时人出入及出土用的，井口一般长1米，宽0.7米左右，也是通风口；暗渠是坎儿井的主体，即地下河道，一般高约1.7米，宽约1.2米；明渠就是暗渠出水口至农田之间的水渠；而涝坝，则是暗渠出水口，修建一个蓄水池，积蓄一定水量，然后灌溉农田。

第六章 一个地方，一种文化

安阳

泱泱殷商竟成墟

安阳位于河南省的最北部，地处山西、河北、河南三省交汇点，西倚巍峨险峻的太行山，东连一望无际的华北平原。

“洹水安阳名不虚，三千年前是帝都。”公元前十四世纪，商朝第二十位国王盘庚将其都城从“奄”，即现在的山东曲阜，搬迁到了风景秀丽、土地肥沃的安阳西北郊小屯村一带。直至商朝灭亡，这里一直作为商的都城，经历了八代十二王，历时二百七十三年。因为历史上商朝又被称为殷商，此地也就被称为殷都。后来，殷都为西周所废弃，逐渐沦为废墟，最终被人们冠上了“殷墟”的称谓。

作为商代晚期的国都，殷墟依托洹河，地理位置十分优越。它占地面积约24平方千米，东西六千米、南北四千米的方圆范围内，形成了以宫殿宗庙区为中心的环形、分层、放射状分布的总体规划形式，体现出了一个高度繁荣的都城的宏大气派。其中，濒河而建的殷墟宫殿建筑以土木为主要建筑材料，形制多样，对我国古代的宫殿宗庙建筑产生了重要影响；城中以宗族为单位的民居成片分布，并铺设了陶制排水管道；十二座王陵大墓和数量惊人的人殉、牺牲则组成了我国目前已知最早的、最完整的王陵墓葬群，代表了我国古代早期王陵建设的最高水平。而这种聚族而居、聚族而葬的形式则一直延续到了今天。

甲骨为觞

在灿烂夺目的殷墟文化中，甲骨文是重中之重。殷墟甲骨文是我国现存最古老的系统汉字，其刻辞内容丰富广泛，涉及殷商政治、经济、军事、文化等多个方面，被誉为“中国最早的大百科全书”。

关于甲骨文的发现，大家多认为应该归功于金石学家王懿荣。原来，刻有甲骨文的龟甲兽骨最初被当作中药“龙骨”，因药铺老板拒收上面有刻画痕迹的“龙骨”，挖掘的农民还特意用小刀将上面的痕迹磨掉，于是许许多多的商代史料被磨成了粉，当作中药吃进了肚子里，这就是所谓的“人吞商史”。这种情况一直持续到1899年，当时王懿荣在北京发现中药店所售龙骨上刻有一些很古老的文字（即甲骨文），便意识到这是很珍贵的文物，于是大量收购，进行研究。

如今，人们在甲骨文的发现地——安阳西北郊小屯村建立起了殷墟博物苑。殷墟博物苑坐北朝南，它的大门仿造商代建制，采取全木框架，以红、黑两色为主色调，庄严大方，古香古色，洋溢着3000年前王室的气息。另外值得一提的是，这座大门还仿照了甲骨文中“门”字的写法，看似简单，却是最原始的王室大门。在木质门的两旁，还雕刻着两条龙，似乎在暗示着我们都是龙的传人。

从大门通往博物苑内部的路上，还有一个甲骨文中“子”字的造型石，它就像一个襁褓中的婴儿指引着人们进入时光隧道。而从平面上看，殷墟博物苑则酷似甲骨文中的“洹”字，即取依附洹河之意，象征洹河在孕育商代文明中的重要作用。

另外，看甲骨文也是了解历史。在远古时代，河南一带的气温比现在要高出2到3度，气候湿润多雨，因此有大象在这里生存。所以在甲骨文中，“豫”字作为象形字就是一个人牵了一头大象。这也是河南的简称为什么是“豫”的原因。

★★★ 刻在后母戊鼎上的历史 ★★★

对于殷墟文化来说，青铜器也是一个关键的要素。从殷墟出土的世界上最大的青铜器——后母戊鼎，可以说是商朝青铜器的代表作。

因器腹部内壁铸有铭文“后母戊”而得名的后母戊鼎，是商代后期商王祖庚或祖甲为祭祀其母所铸的。此器腹部呈长方形，折沿宽缘，直壁、深腹、平底，显现出不可动摇的气势。它高大厚重，腹上竖两只直耳（发现时仅剩一耳，另一耳是后来据原耳形式复制补上的），下有四根圆柱形中空鼎足。后母戊鼎除鼎身四面中央是无纹饰的长方形素面外，其余各处皆有纹饰。在细密的云雷纹之上，各部分主纹饰各具形态：鼎身四面在长方形素面周围，以饕餮作为主要纹饰；四面交接处，则饰以扉棱；扉棱之上为牛首，下为饕餮；鼎耳外廓有两只猛虎，虎口相对，中含人头；耳侧以鱼纹为饰；四只鼎足的纹饰也匠心独具，在三道弦纹之上各施以兽面。

后母戊鼎用陶范铸造，铸造工艺十分复杂。根据铸痕观察，鼎身与四足为整体铸造。其中，鼎身共使用8块陶范，每个鼎足各使用3块陶范，器底及器内各使用4块陶范。而鼎耳则是在鼎身铸成之后再装范浇铸而成的。铸造此鼎，所需的青铜原料超过1000千克。而且，制作如此的大型器物，在塑造泥模、翻制陶范、合范灌注等过程中存在一系列复杂的技术问题，同时还必须配备大型熔炉。后母戊鼎的铸造充分说明了商代后期的青铜铸造不仅规模宏大，而且组织严密，分工细致，显示出商代青铜铸造业的生产规模与杰出的技术成就，足以代表高度发达的商代青铜文化。

★★★ 爱玉的王后 ★★★

玉器同样是殷墟文化中浓墨重彩的一笔。殷墟有大量的玉器问世，特别是在妇好墓中，发现了玉器755件，分为礼器、仪仗、工具、生活用具、装饰品和杂器6类。

根据甲骨文记载，“妇好”是商王武丁的妻子，她曾统率万人征战沙场，是我国有文字记载的、最早的女将军。这位女将军似乎对玉器有特殊的偏好，其墓中大量玉器的出土就是她“玉不离身”的最好例证。同时，这也说明了玉器在商代贵族生活中占有十分重要的地位。

妇好墓玉器的艺术特点不仅继承了原始社会的艺术传统，而且依据现实生活又有所创新。比如，玉龙继承了红山文化的玉龙，仍属蛇身龙首系统而又有变化，头更大，角、目、口、齿更突出，身施菱形鳞纹，昂首张口，身躯卷曲，似欲腾空，形体趋于完善。玉凤是新创形式，高冠勾喙，短翅长尾，飘逸洒脱，与玉龙形成对照。玉龙、玉凤和龙凤相叠等玉雕的产生可能与巫术有关。玉象、玉虎等动物玉雕来自于生活，玉匠们用夸张概括的象征性手法准确地表现出动物的个性，如象的驯服温顺、虎的凶猛灵活等。玉人是妇好墓玉器中最为珍贵的一类，如绝品跪形玉人，头戴圆箍形，前联结一筒饰，身穿交领长袍，下缘至足踝，双手抚膝跪坐，腰系宽带，腹前悬长条“蔽”，两肩饰臣字目的动物纹，右腿饰“S”形蛇纹，面庞狭长，细眉大眼，宽鼻小口，表情肃穆。至于玉人的身份，究竟是墓主人妇好还是其他贵妇，目前学界没有定论。无论是玉禽、玉兽还是玉人，均为正面或侧面的造型，这也是妇好墓玉器以至整个商代玉器的共同特点。

新郑

黄帝故里寻根谒祖

中华开国五千年，神州轩辕自古传。木有本，水有源，轩辕黄帝是五千年中华文明的缔造者，是炎黄子孙的共同祖先。黄帝文化是我们中华民族的主体文化、根脉文化、源头文化。

“文明肇始起轩辕”的史实是毋庸置疑的。而根据历史传说和专家考证，河南新郑则是中华民族人文始祖轩辕黄帝的出生、创业、建都之地。五千年前，文明始祖黄帝在新郑建都立国，统一各部落，制舟车、筑宫室、造文字、定律历，创造了许多重大发明，开启了远古中华文明的新纪元。

后人为表达对轩辕黄帝的景仰，从春秋时期开始，就有在新郑举行盛大拜祖活动的传统，并且绵延至今，一年比一年隆重盛大。这使得新郑成了炎黄子孙寻根谒祖的圣地，在当地也形成了具有独特魅力的民俗文化。

两熊镇守的祠堂

如今，在新郑市区轩辕路建有占地面积6万多平方米的“黄帝故里”，以供人们凭吊。黄帝故里共分五个区域：中华姓氏广场、轩辕故里祠前区、轩辕故里祠、拜祖广场、轩辕丘与黄帝纪念馆区。其中，轩辕故里祠是整个黄帝故里最古老、也是最核心的部分。

轩辕故里祠初为汉代所建，后经时代更迭，于明清时修葺。故里祠有正殿、东西配殿和祠前庭。其中正殿有五间，中央供奉着轩辕黄帝金身塑像，殿内四周的壁画生动形象地展现了黄帝一生的丰功伟绩。东西配殿则各是三间，东配殿塑“先蚕娘”——黄帝元妃嫘祖像；西配殿塑“先织娘”——黄帝次妃嫫姆像。另外，还有祠前庭三间，以图照展示了新郑裴李岗、仰韶和龙山文化时期的出土文物。

不过轩辕故里祠最为特别的，还是祠前放置的那对石熊。一般祠堂门前放置的都是石狮，为什么这里会放置石熊呢？这还要从新郑的古称说起。新郑古称

“有熊”，黄帝亦因此被称为“有熊氏”，所以祠堂门前放置青石雕刻的石熊，自然是代表着有熊氏的图腾。

★★★ 轩辕桥下姬水潺潺 ★★★

在轩辕故里祠前，还有一座轩辕桥，桥下有姬水潺潺流过。轩辕桥是重新修建的，汉白玉雕刻装饰，栏板浮雕双龙，柱头雕莲花托榴，美观典雅。整座桥远望如长龙卧波，横跨于姬水河上。

说起修建这座桥与桥下的姬水河，可有不少有意思的事情。其一，在黄帝故里扩建前就想挖一条河道，谁料挖开后此处正好有一条古河道。新郑有歌谣传唱：“轩辕丘前有条河，九百六十三丈多，有天轩辕把河过，飞来青龙把他驮，青龙桥有夜明珠，照得南蛮睡不着，南蛮派来两个人，盗走宝珠扔下河。”歌谣中的“南蛮”，指的是远古时期的九黎族，他们的首领叫蚩尤。后来，黄帝打败蚩尤，把夜明珠又要了回来。虽然传说不一定是真的，但在扩建之时，人们用步数测量，从轩辕丘旧址起，大约90多丈远，也就是在现在轩辕故里祠前十米多的地方停下来，果然挖出了这古河道。

其二，在修建之时，人们将桥起名为“轩辕桥”，而开挖之后挖出的原桥，桥名也叫“轩辕桥”。这座桥为明隆庆四年（1570年）所建，桥东侧便有阴刻篆文“轩辕桥”三个字。由于朝代更迭、历史变迁和地形地貌的变化，此桥被沉埋地下多年，最后终于得以面世。

这些发现令所有人都欢呼雀跃，说是天意，黄帝显灵了。不管天意也好，黄帝显灵也罢，当你漫步于轩辕桥上，看着那潺潺流过的姬水，确实能体会到一种神圣与信仰。

【登封】

★★★ 佛：少林真功夫 ★★★

登封位于河南省中西部，中岳嵩山的南麓，历史文化源远流长。数千年的文化积淀使这里成为“佛道儒”三教荟萃之地，成为我国传统文化“三教合一”的一个缩影。

登封说佛，当然就要提到少林寺。少林寺因处登封城西少室山林中而得名，是我国佛教的禅宗祖庭，有着“天下第一名刹”的盛誉。据佛教传说，禅宗始祖达摩菩提以4卷《楞伽经》教授学者，后渡江北上，于少林寺内面壁九年，传法慧可。此后少林禅法师承不绝，传播海内外。北周建德三年（574年），武帝禁佛，寺宇被毁，大象年间（579年前后）重建，易名“陟岵寺”，召惠远、洪遵等120人入住寺内，名“菩萨僧”。后来隋代大兴佛教，敕令恢复少林之名，赐

★ 少林武僧

良田百顷，少林寺逐渐成为北方一大禅寺。

不过，少林寺扬名天下，很大程度还要归结于少林功夫。唐初，少林寺十三僧人因助秦王李世民讨伐王世充有功，受到朝廷封赏而被特别认可设立常备僧兵。这推动了少林功夫的发展。少林功夫是一个庞大的武术体系，而不是一般意义上的“门派”或“拳种”。它具体表现为以攻防格斗的人体动作为核心、以套路为基本单位的表现形式。而套路是由一组动作组合起来的，动作设计和组合套路都是建立在我国古代的人体医学知识上的，合乎人体的运动规律。动作和套路讲究动静结合、阴阳平衡、刚柔相济、神形兼备，其中最著名的是“六合原则”：手与足合、肘与膝合、肩与胯合、心与意合、意与气合、气与力合。

天下功夫出少林，“少林”一词俨然成为了我国传统武术的典型象征。比如，很多武侠小说中都有所谓“七大门派”一说，即少林、武当、昆仑、峨嵋、点苍、华山、海南七大派别，而少林则位居第一门派。

★★★ 道：中岳庙的千年道场 ★★★

在登封，有一首家喻户晓的童谣从唐朝一直唱到现代，只字未改：“天有心，地有胆，天心地胆在告县。”这告县，指的就是登封。其实，在这首童谣出现之前，登封的中岳庙已经扬名超过千年了。

公元前110年，汉武帝登上太室山游览礼祭，随从官员在山上听到有呼“万岁”的声音。据说，这是方士们投其所好而设的骗局。但晚年好大喜功、贪恋长寿的汉武帝听后十分高兴，于是下令祠官增建太室神祠，并禁止砍伐山上的树木，以山下之百产封给神祠作为供奉之用。同时，太室山也被封为“嵩高山”，简称“嵩山”，与我国原有的四岳并列，称为“中岳”。北魏时，祠址经过了三次迁移，并定名为中岳庙，从此由道教管理。后武则天于万岁通天元年（696年）登嵩山，加封中岳神，中岳庙的声望日益兴盛。元末由于战乱，中岳庙庙宇倒塌严重。不过明清两朝又对中岳庙进行过多次整修，特别是乾隆时按照北京故宫的建造方法，对中岳庙作了一次大规模的全面整修。从此，中岳庙飞甍映日，杰阁联云，金碧辉煌。

中岳庙是道教在嵩山地区的最早基地，是我国古代礼制建筑的典范，也是我国道教文化发展的见证。庙宇依山就势，中轴线是一条由青石板铺成的通道，共十一进，全长650米。沿中轴线从南向北逐层增高，左右对称，结构方正，气势宏伟，既与皇室宫殿结构相似，又独具敬仰神仙的特色，充分体现了道家的哲学思想。

★★★ 儒：嵩阳书院理学诞生 ★★★

登封既是“佛道儒”三教荟萃之地，那么这“儒”则与宋代理学的发源地之一、北宋鸿儒程颢、程颐兄弟讲学之所——嵩阳书院有关。

兴盛于宋代的嵩阳书院因座落在嵩山之阳而得名。这里三面环山，西有法王寺、嵩阳寺一带的山峡溪水汩汩而来；东有老君洞、峻极峰的溪水蜿蜒而下，两水在嵩阳书院门前的书院河（双溪河）汇合，然后向东流入颖河。嵩阳书院还有汉封将军柏三株。传说当年汉武帝率群臣幸游至此，看到这三棵柏树高大挺拔，枝叶繁茂，惊奇地脱口而出：“朕游遍天下，还未见过这么大的柏树呢！”于是赐封它们为将军。

几经历史变迁的嵩阳书院汲嵩山之毓秀，纳峻极之灵气，乘汉封古柏之神韵，是世间难得的清净之所。北宋初年，国泰民安，文风四起，儒生经五代久乱之后，都喜欢在山林中找个安静的地方聚众讲学。就这样，嵩阳书院迎来了它的辉煌时代。据记载，先后在嵩阳书院讲学的有范仲淹、司马光、程颢、程颐、杨时、朱熹、李纲、范纯仁等二十四位名人。其中，宋代著名的洛派理学大师程颢、程颐在此纳儒、释、道三家思想精华，开创了理学发展的新阶段，世称“洛阳理学”。他们二人也与濂溪的周敦颐、关中的张载和闽中的朱熹共称为“宋代理学四大派”、“理学五子”。

理学自宋到清，对朝廷、对社会都有很大影响，被奉为官方哲学。嵩阳书院在教育史上、在儒学发展史上也占有着非常特殊的地位。

同仁

★★★ 金色的热贡艺术乡 ★★★

十四世纪前后，藏传佛教开始在同仁地区流传。至十五世纪以后，随着寺院建筑的不断扩充和装饰，在同仁地区兴起了主要为宗教服务的绘画、雕塑、石刻等艺术。而同仁地区在藏语中称为“热贡”，因此这一艺术便统称为“热贡艺术”。

“热贡艺术”是藏传佛教艺术的重要组成部分和颇具影响力的艺术流派。在品类上，热贡艺术包括绘画（壁画、卷轴画，即唐卡）、雕塑（泥塑、木雕）、堆绣（刺绣、剪堆）、建筑彩画、图案、沙画等多种艺术形式。内容主要有释迦牟尼、菩萨、护法神、仙女之类的佛像及佛经故事。

早期的热贡艺术作品手法粗放古朴，色彩单纯，绘画带有较典型的印度、尼泊尔风格。其笔调雄迈，人物、山水、花鸟、草虫生动传神，画面给人以浑厚、博大之感。至十七世纪中叶，热贡匠师们的技艺日趋精妙，线描简练流畅，刚劲有力，采用工笔重彩，设色清新浓郁，所画人物造型庄重沉稳，体态匀净协调，可谓是“神形兼备”。在画风趋向华丽、精细的同时，匠师们也开始注重画面的装饰效果，热贡艺术进入了承前启后的辉煌鼎盛时期。而十九世纪以后则是热贡艺术的近期，这一时期的作品色彩鲜艳，笔法细腻，特别注重装饰趣味，同时大量使用金、银做原料，使画面呈现出金碧辉煌的效果和热烈的气氛。

★★★ 家家画唐卡 ★★★

数百年来，同仁地区有大批民间艺人从事佛教绘塑艺术，其从艺人员之多、群体技艺之精湛，都为其他地区所罕见。因此，同仁又被誉为“藏族画家之乡”，民间还一直流传着“家家画唐卡”的说法。

画唐卡的画师在藏语中称为“拉日巴”，意思是画佛或神的人，他们手中都有一份世代相传的《造像度量经》范本。这范本往往隐匿在密存的经典中，画师们必须严格按照范本中所规定的法度，就像佛门弟子遵守佛训教规一样，将其奉为金科玉律。例如，各类佛、菩萨、护法神等造型的各部位都有固定不变的比例尺度，一般以手指为基准来度量。如十二指为一个面部宽；三个面部宽为一个身宽；五个面部宽为一个坐佛身高；九个面部宽为一个立佛身高。另外，佛像的位置、色彩、面容、坐立姿势、法印、饰物、发式等，也都是程式化了的，只有这样做才能保持唐卡的庄严和神圣。也许有人会觉得这些规定过于迂腐，但是唐卡至今犹存的最大秘密就在于“因循守旧”。这个词汇用在这里，象征着唐卡的光荣传统，每一位画师正是因为坚守这一传统而成为文化记忆的复制者。

此外，产生并延续唐卡神奇魅力的另一个秘密是颜料。唐卡所用的颜料皆取自大地，不是珍贵的矿物，就是稀罕的植物，再按比例加上一些动物胆汁及胶质。这种原料的配方科学，加上同仁地区气候干燥，所绘的唐卡即使历经数百年之久，依然色泽鲜艳，犹如新绘制的艺术佳品。

★★★ 千手观音泥塑：艺僧的杰作 ★★★

雕塑在热贡艺术中也占有重要的地位。它主要包括泥塑、木雕、砖刻、石刻等，其中以泥塑最为发达。

现今供奉于同仁县吾屯下寺观音殿内的千手观音泥塑，就是热贡泥塑艺术的杰出代表。它高达13米，一千条臂膀以头部为中心，环绕成一个圆形，每条臂膀上舒展的手掌心里都有一只象征法力无边的眼睛。观音塑像为站立像，体态丰满，曲线优美，神态安详。而且，整个塑像通身贴有金箔，头饰等部位镶嵌有珍珠、玛瑙等宝石，看上去金碧辉煌。如果不是事先知晓，你根本看不出是用泥土塑造而成的。

这尊千手观音像还有三个特点：第一，它是一条臂膀一只手，而其他千手观音像则多是一条臂膀上连着多只手；第二，它是用当地特有的泥土经过特殊工艺一次塑成的，制作技术十分精妙；第三，它没有任何支撑依靠或辅助设施而独自直立。这体现了设计者和制作者——同仁县吾屯下寺本寺艺僧的高超水平和精湛技艺。

★★★ 艺术绝活“堆绣” ★★★

所谓“堆绣”，就是把不同品种、不同质地的唐卡剪裁成各种各样的人物和图形，然后粘贴在织物上。

★塔尔寺里的国宝堆绣

这种运用“剪”、“堆”技法塑造形象的特殊艺术，可分为平剪堆绣和立体堆绣两种。平剪堆绣是将裁剪成的各色布料图案堆贴在设计好的白布上，再用彩线绣边即成。而立体堆绣则是在裁剪好的图案内垫上棉花或羊毛，使图案凸起，然后粘绣在对称的布幔上，再将堆绣好的不同形状图案用绣缎联成一个巨幅画卷，构成一组完整的画面，悬挂于殿堂之上。这样堆绣出来的形象富有立体感和真实感，犹如一面丝质的彩色浮雕。

堆绣也是塔尔寺的“艺术三绝”之一。塔尔寺大经堂中悬挂的“十六尊者（罗汉）显神通”和“八仙过海”就是两幅大型的、绝妙的堆绣作品。堆绣艺僧依照十六罗汉和八仙各自的神通，发挥自己丰富的想象和审美经验，才塑造出了如此具有美感的十六罗汉和八仙形象。这些罗汉和仙人或降龙、或伏虎、或镇魔、或返老还童，神态表情各异，个性鲜明，其造型皆达到了静中有动、生动传神、惟妙惟肖的境地。

【呼伦贝尔】

★★★ 曲水边，毡房座座 ★★★

莫尔格勒河畔水草丰美，我国历史上许多北方游牧民族都曾在这里放牧，繁衍生息。12世纪末至13世纪初，一代天骄成吉思汗秣马厉兵，打败了其余蒙古各部，在莫尔格勒河畔架起了铁木真（成吉思汗名）的金帐，庆贺这场辉煌的胜利。

如今的金帐汗蒙古部落处于呼伦贝尔草原的腹地，是依据当年成吉思汗行帐的规模和样子建立起来的。这里蓝天白云，弯弯河水，茵茵绿草，群群牛羊，再加上点点毡房，让人仿佛步入了仙境。

说起这毡房，在蒙古语中，它称为"格儿"；而在满语中，则是我们今天所熟悉的"蒙古包"。蒙古包整体呈圆形，根据居住人数的不同，有大有小。由于放牧民族要经常迁移寻找好的牧场，所以蒙古包的架设很简单，首先根据蒙古包的大小先画一个圆圈，然后按照圈的大小用毛毡、绳索等搭建。比起砖石等的建筑，蒙古包虽然看起来很小，但内部使用面积却很大，而且冬暖夏凉，不怕风吹雨打，非常适合于游牧民族的居住和使用。

★★★ 草原上的美味 ★★★

说起草原上的美味，很多人会不约而同地想到烤全羊。但其实对于草原牧民们来说，美味的可不只烤全羊，让人垂涎欲滴的食物还多得很呢。

比如，奶豆腐，也就是我们俗称的奶酪。奶酪在蒙古语中叫作"胡乳达"，是草原牧民们家中最常见的奶食品之一。它是用牛奶、羊奶、马奶等经过凝固、发酵而成的，形状类似普通豆腐，味道却有的微酸，有的微甜，乳香浓郁，很受牧民们的喜爱。牧民们常把奶酪泡在奶茶中食用，或当作出远门时的干粮，小小一块，既解渴又充饥。除此之外，奶酪还可以做成拔丝奶豆腐，是宴席上的一道风味名菜。

还有马奶酒。马奶酒性温，有驱寒、舒筋、活血、健胃的功效，被称为紫玉浆、元玉浆，是“蒙古八珍”之一，曾为元朝宫廷和蒙古贵族府第中的主要饮料。相传元世祖忽必烈常把马奶酒盛在珍贵的金碗里，犒赏有功之臣。

“手扒肉”是蒙古人食肉的传统方法之一。做法是将肥嫩的绵羊开膛破肚，剥皮去内脏洗净，去头蹄，再将整羊卸成若干大块，放入白水中清煮，待水滚肉熟即取出，置于大盘中上桌，大家各执蒙古刀大块大块地割着吃。因为不用筷子而用手抓食，所以便叫做“手扒肉”了。

吃手扒肉，斟酒敬客，是草原牧民们表达对客人欢迎和敬重的一种方式。当你踏上草原，走进蒙古包里，热情好客的蒙古人便会将美酒斟在银碗或金杯中，托在长长的哈达上，唱起动人的敬酒歌，款待远方的贵客，以表达自己的诚挚之情。这时，客人应该随即接住酒，然后能饮则饮，不能饮也要品尝少许，再将酒归还主人。若是推推让让、拉拉扯扯，或者不喝酒，就会被认为是瞧不起主人，不愿以诚相见等。

对于来呼伦贝尔旅游的人来说，看牧民们剪羊毛是一件再有趣不过的事情了，但是对于牧民们来说，这却是一件辛苦的差事。

★★★ 六七月，剪羊毛 ★★★

呼伦贝尔草原辽阔壮美，天边绚丽多姿的云彩令人流连忘返。奶酪的香醇、马奶酒的甘甜，还有手扒肉的劲道，也让人回味无穷。不过，草原上还有另一件事情一定会引起你的兴趣，那就是剪羊毛。

每到六七月份，草原上大批的羊群都进入了剪毛期。这时候，大型的羊场就会打扫干净剪毛室，较小的羊场也会在干净的场地上铺上苇席或木板，准备剪羊毛。一般来讲，牧民们这时还会开设专门的圈羊舍，这是因为圈羊舍的空间小，羊的密度大，方便抓羊。同时，羊群挤在一起热量高，能促使羊的油汗液化和增加分泌，也有利于剪毛工作的进行。剪毛前，首先要确定每天剪毛的羊数，并且在12小时之前停止待剪毛羊只的饮水和放牧，保证其空腹，这样才能安全地剪毛，其余羊只则可以照常放牧。剪毛的时候，要让羊左侧卧在剪毛台或苇席、木板上，羊背靠剪毛员，腹部向外。从左后胁部开始，由后向前剪掉腹部、胸部和右侧前后肢的羊毛。再翻转羊，使其右侧卧下，腹部朝向剪毛员。剪毛员用右手提直绵羊左后腿，从左后腿内侧剪到外侧，再从左后腿外侧至左侧臀部、背部、肩部、直至颈部，纵向长距离地剪去羊体左侧羊毛。然后使羊坐起，靠在剪毛员的两腿间，从头顶向下，横向剪去右侧颈部及右肩部羊毛。再用两腿夹住羊头，使羊右侧突出，再横向由上向下剪去右侧毛。最后检查全身，剪去遗漏下的羊毛。在剪毛的时候还要注意：如果羊只被雨淋湿了，应在羊毛晾干后再剪；剪毛剪插得不宜太深，贴近皮肤均匀地把羊毛一次性剪下，留茬要低，不要重剪二刀毛；剪毛要小心操作，尽可能不要剪伤羊只的皮肤，一旦剪破，要及时用碘酊涂抹，以防感染；剪毛时不要让粪土、杂草等混入羊毛；剪毛动作要快，翻动羊只要轻，以免引起羊的瘤胃臌气、肠扭转等。剪毛后的羊只不可立即放到茂盛的草地上，因为羊只已经禁食十几个小时了，这时放牧易造成贪食，往往引起羊只的消化道疾病。

★★★ 那达慕“男儿三艺” ★★★

蒙古族人民为了表示丰收的喜悦，从每年农历六月初四开始，会举行为期5天的盛会——“那达慕”。“那达慕”是蒙古语的译音，意为“娱乐”或“游戏”。它是蒙古族具有鲜明民族特色的一项传统活动，也是蒙古族人民喜爱的一种体育活动形式。

那达慕盛会有着久远的历史。据铭刻在石崖上的《成吉思汗石文》记载，那达慕起源于蒙古汗国建立初期，早在1206年成吉思汗被推举为蒙古大汗时，他为了检阅自己的部队、维护和分配草场，每年七八月间都要举行“大忽力革台”（大聚会），将各个部落的首领召集在一起，以表示团结友谊，并庆祝丰收。那达慕盛会起初只举行射箭、赛马或摔跤中的某一项比赛。到元、明时，射箭、赛马、摔跤比赛结合在一起，成为了固定的形式。这三项运动后来也被称为“男儿三艺”。

其中，摔跤是蒙古族特别喜爱的一种体育活动，是那达慕盛会上必不可少的比赛项目。在蒙古语中，摔跤称为“博克巴依勒德呼”，摔跤手称为“博克庆”。蒙古族的摔跤有其独特的服装、规则和方法，也叫“蒙古式摔跤”。而蒙古高原盛产著名的蒙古马，能跑善战，耐力极强。自古以来，蒙古人就对马有着特殊的感情，蒙古人从小在马背上长大，人人都以有一匹善跑的快马而感到自豪。驯练烈马、精骑善射是蒙古族牧民的绝技，大家通常都把是否善于驯马、赛马作为鉴别一个优秀牧民的标准。那达慕盛会举行时，远近百里以至几百里的牧民都会骑马赶来，参加赛马活动。赛马场上，彩旗飘飘，鼓角长鸣，热闹非凡。射箭是蒙古族传统“男儿三艺”中的另一个项目，也是那达慕最早的活动内容之一。在800多年以前，蒙古人分为许多不同的部落，他们的经济生活大体可分为游牧经济和狩猎经济两种。在成吉思汗统一蒙古以后，虽然狩猎经济逐渐转向了游牧经济，但狩猎时期长年积累下的拉弓射箭的本领却保留了下来，以防外敌侵略和野兽袭击畜群。没有牲畜的贫苦牧民则仍依赖弓箭捕杀动物，以维持生活。

第七章
建筑奇葩之乡

开平

一部华侨的血泪史

开平地处珠江三角洲西南面，五邑侨乡中部，因集防卫、居住和中西建筑艺术于一体的多层塔楼式建筑——碉楼而著名。

根据现存实证，开平碉楼约产生于明代后期，其兴起与开平的地理环境和过去的社会治安密切相关。开平地势低洼，河网密布，而过去水利失修，每遇台风暴雨，常有洪涝之忧；加上其所辖之境原为新会、台山、恩平、新兴四县边远交界之地，向来有“四不管”之称，社会秩序较为混乱，当地乡民迫于无奈，建筑碉楼以求自保。清朝顺治六年（1649年），开平设县，希望从此开始太平。自建县以后，“社贼之扰”有所收敛，治安较以前安定，故此时的碉楼数量不多。

但是鸦片战争以后，清政府统治更为颓败，开平人迫于生计，开始大批出洋谋生，经过一辈乃至数辈人的艰苦拼搏，渐渐有些产业。不过，清朝末年和民国时期，美国、加拿大等国实施排华政策，海外生存环境恶劣，无数开平华侨最后还是不得不返回家乡。他们把建房、买田、娶妻、生子视为最高人生目标，这些也是激发他们在外拼搏奋斗的最大动力。由于他们不断地将自己积蓄的血汗钱寄回开平，客观上也为开平碉楼与村落的建设提供了充实的经济基础。

于是，在那个战乱仍频、匪患猖獗的年代，一代代的开平华侨在村中建起了一座座碉楼。这些碉楼中西合璧，有古希腊、古罗马等多种建筑风格，展现出了开平华侨同故里的密切联系，更是他们血泪创业史的生动见证。

山石碉楼竹称楼

开平碉楼的种类繁多，若从建筑材料来分，可以分为四种：石楼、夯土楼、青砖楼和混凝土楼。其中，石楼主要分布在低山丘陵地区，在当地又被称为“垒石楼”。垒石楼的墙体有的由加工规则的石材砌筑而成，有的则是将天然石块自由垒放，再在石块之间填土粘接。目前开平现存石楼10座，这之中最为壮美的要数“竹称楼”。

竹称楼位于开平最边远的山区村镇——大沙镇的竹莲塘村。这座楼高4层，长宽约四五米，是用当地的大块鹅卵石和山泥三合土建成的，与开平其他地方的水泥钢筋或水泥青砖结构的碉楼迥然不同，显得非常有特色。不过说起来，这也是没有办法的办法，因为大沙镇所在的山区很少有华侨，资金有限，只能“穷有穷办法”地这般建碉楼了。

竹称楼的造型非常简单，不仅外形粗糙、楼身小，而且楼层矮，木门铁窗，楼顶结构本土化。尽管是由山石、泥土砌成的，但竹称楼却十分坚固耐用。据说当年刚建成的时候，村里就遇到了土匪来抢劫，村民们在竹称楼的顶楼居高临下，打死、打伤了不少土匪，成功击退了来敌。时至今日，竹称楼仍然屹立不倒。

不过，有人也许会觉得奇怪：碉楼既然是拾山石、烧石灰垒砌的，主要目的又是为了防匪，那么落成之后，村民们为什么却给它起了“竹称”这个颇为雅致的楼名呢？其实，当时关于这座碉楼该取什么名字，确实难倒了村民们，大家七嘴八舌，议而不决。后来有人提议，村中“冰壶家塾”的馆仔先生很有学问，不如请他拟个名。第二天，“竹称楼”这个名字便定下来了，大家请教先生，先生摇着头说：“古书有云，‘竹称君子，松号大夫’，竹称，乃君子楼也。”就这样，这偏远山区的一座土石楼便得了如此一个深奥的“雅号”。

★★★ 九重华楼瑞石楼 ★★★

与粗狂朴素的山石碉楼竹称楼不同，全部是钢筋混凝土结构的瑞石楼既华丽又气派，是开平现存最高、最美的碉楼，有“开平第一楼”之称。

瑞石楼坐落在开平蚬冈镇锦江里村后左侧。它楼高九重，占地92平方米，人们坐车从公路经过，老远就可以看到它在竹丛树林背景衬托下高高耸立的雄姿了。不过，在兴建瑞石楼的过程中，据说其主人黄氏父子曾因为楼层的高度产生过冲突。当时，锦江里周围的碉楼都是4至6层高，而父亲黄贻桂却发现，当自家的碉楼建到第6层时，还没有封顶的迹象。朴实的老人不希望太张扬，于是要儿子黄璧秀就此封顶。然而，黄璧秀没有听从父亲的话，碉楼继续向上施工。他告诉父亲，这座碉楼的设计是9层，他就是要在全村、全乡、全县建最高、最壮观的碉楼，让人们远远就能看到黄家的碉楼，无人可比。最后，9层高的瑞石楼终于傲然矗立在了80多年前的开平农村，直到今天还令人叹为观止。

★ 开平第一楼——瑞石楼

说瑞石楼是“开平第一楼”，不仅是高度上的第一，其建筑外观也是别的碉楼难以相比的。瑞石楼的首层至五层，每层楼体都有不同的线脚和柱饰，增加了建筑立面的效果；而且，五层顶部的仿罗马拱券和四角别致的托柱不像其他碉楼中常见的卷草托脚，而是循序渐进，向上部自然过渡，在美学上达到了很好的视觉效果。到了六层，有爱奥尼克风格的列柱与拱券组成的柱廊；七层则是平台，四角建有穹隆顶的角亭，南北两面可见到巴洛克风格的山花图案；在八层的平台上，有一座西式的塔亭；而九层小凉亭的穹隆顶，则带有浓重的罗马风格。

不仅如此，在整体的西方建筑风格中，瑞石楼又刻意融入了一些中国传统建筑文化的元素。比如，它每层都有从香港购买的坤甸或柚木板做的屏风，上面雕刻着篆、隶、楷、行、草各种字体的对联，内容诸如“花开富贵，竹报平安”、“雀屏中目，鸿案齐眉”等。

可以说，瑞石楼是中西建筑风格完美结合的典型，既华美壮观，又有着浓郁的中华文化气息，不愧为“开平第一楼”。

★★★ 花园别墅之立园 ★★★

在开平除了碉楼之外，还有一处华侨园林值得一提，那就是立园。立园位于开平塘口镇北义乡，是塘口镇旅美华侨谢维立先生于20世纪20年代回乡兴建的一处花园别墅。它以人名作园名，占地约19600平方米，集传统园艺、江南水乡特色和西洋建筑于一体。这种融汇中西的独特建筑风格在我国园林中也是独树一帜。

立园的布局大体上可分为三个部分：别墅区、大花园区、小花园区。这三个区域用人工河或围墙分隔，又巧妙地用桥亭或通天回廊连成一体，使人感到园中有园，景中有景，亭台楼榭，独具匠心。在立园别墅区内，以“泮立”、“泮文”两幢别墅最为华丽壮观、最具代表性，从它们之中，整个立园的建筑风格也可窥一斑。这两幢别墅的楼身是浓重的西洋建筑样式，但楼顶却是中国宫殿的风采。其楼顶按我国古代重檐式建筑，盖绿色琉璃瓦，巧妙地架空，形成实用的隔热层。至于室内地面和楼梯，则皆铺磨彩意大利石，至今六十多年，仍然光彩照人。在这两幢别墅的室内墙壁上，还装饰着以我国古代人物故事为题材的大型彩色壁画、浮雕和大型漆金木雕。各层墙边又都装置有西式壁炉，所有窗户也装上了防蚊窗纱，天花板下悬挂着古式灯饰。另外，每层摆设着的工艺精致的酸枝家具看上去庄重雅致、古色古香。

这座我国绝无仅有的华侨私人园林既有中国园林的韵味，又吸收欧美建筑的西洋情调，并将两者巧妙地融合在一起，别致大方，实在是我国园林建筑的瑰宝。

★★★ 云冈石窟：大佛的微笑 ★★★

位于大同市区以西16千米处武周山南麓的云冈石窟是世界闻名的石雕艺术宝库。云冈石窟与敦煌莫高窟、洛阳龙门石窟并称为“中国三大石窟”。它依山而凿，东西绵延约一千米，以气势宏伟，雕刻精细著称于世。

在云冈石窟中，第二十窟的主尊——露天大佛是其代表作。露天大佛本来藏在洞窟内，但是因为前壁和窟顶的坍塌，这座高达13.7米的大佛就端坐在光明之中了。它的造型富丽堂皇，面容丰满端庄，双肩宽厚平直，身披右袒袈裟，手势呈大日如来之“定印”状。这“定印”表示禅思，是使内心安定的意思。据说释迦牟尼在菩提树下就是采用这种姿势，禅思入定，修行成佛的。

露天大佛发髻圆润、额头宽阔、长眉纤细、鼻梁方直，这些部分都雕刻得极为自然。如果仔细观察，你会发现大佛的额头、鼻梁、眼窝、嘴唇雕刻得像是希腊人；而他的脸庞、大大的耳朵、身披的袈裟则像极了中国人。因此，有人说这尊大佛是中西结合的艺术作品。更为奇妙的是，从不同的角度观察，大佛给人的感觉也不一样。从正面仰望，大佛似乎在沉思；从右侧看，他却好像在启齿讲经；再换一个角度来看，他又似乎在冲着你微笑，堪称“妙相之佛”。

★★★ 挂在崖壁上的寺院 ★★★

据文献记载，云冈石窟始凿于北魏兴安二年（453年）。时隔38年之后，也就是北魏太和十五年（491年），在大同恒山的悬崖峭壁间，著名的悬空寺也开始建造了。

恒山悬空寺是我国现存的唯一一座佛、道、儒三教合一的寺庙，是古代工匠根据道家“不闻鸡鸣犬吠之声”的要求修建的。悬空寺修建在恒山金龙峡西侧翠屏峰的悬崖峭壁间，面朝恒山，背倚翠屏，上载危岩，下临深谷，楼阁悬空，建筑结构巧奇无比。寺下岩石上“壮观”二字，是唐代诗仙李白的墨宝。明代大旅行家徐霞客也曾来到悬空寺，叹其为“天下巨观”。

远远而望，悬空寺简直就像一幅玲珑剔透的浮雕，镶嵌在万仞峭壁间。可是走近一看，它却大有凌空欲飞之势。

悬空寺距地面约50米，其建筑特色可以概括为“悬”、“奇”、“巧”三个字。“悬”是该寺的一大特色。全寺共有殿阁40间，表面看上去，支撑殿阁的是十几根碗口粗的木柱，但其实有的木柱根本不受力，真正的重心位于坚硬的岩石里，岩石被凿成了形似直角梯形的样子，利用力学原理半插飞梁为基。所以有人用“悬空寺，半天高，三根马尾空中吊”来形容它。值得称“奇”的是建寺设计与选址。悬空寺处于深山峡谷的一个小盆地内，全部悬挂于石崖中间，而石崖顶峰突出部分正好像一把伞，使寺庙免受雨水冲刷。由于高悬于地面，当山下洪水泛滥时，这里也能免于被淹。当然，四周大山的遮挡减少了阳光的暴晒，这也是悬空寺能完好保存至今的重要原因之一。而悬空寺的“巧”则体现在建寺时因地制宜，充分利用峭壁的自然状态布置和建造寺庙各部分建筑，将一般寺庙平面建筑的布局、形制等设计在了立体的空间中，使它们交相辉映，成为了我国建筑史上的奇迹。

【苏州】

★★★ 私家园林甲天下 ★★★

我国古代园林除皇家园林外，还有一类属于王公、贵族、士大夫、地主、富商等私人所有的园林，称为私家园林。

以修身养性、闲适自娱为主要功能的私家园林主要集中在江南一带，特别是苏州，自古便有着“苏州园林甲天下”的说法。苏州古典园林基本上都是私家园林，往往是古代商贾巨富、文人学士、名家隐士或弃甲归田，或告老还乡，或修行隐居之后营造起来的。比如著名的沧浪亭，是北宋诗人苏舜钦建造的；而以众多假山和湖石著称的狮子林，则是元代高僧天如禅师惟则的弟子为拥戴他而修建的。苏州这些私家园林的特点多是将山和水、草和木以及亭台楼阁融合于小小的空间，把江南所特有的湖光山色、小桥流水、森林丘壑巧妙地安排在一起，有一种说法叫“小园子大世界。”这其中的一砖一瓦、一草一木，无不浓缩和寄托了当时设计者及建造者的审美情趣、文化品位和精神追求。故有人说，苏州园林之胜，贵在匠心。

★★★ 沧浪亭，近水远山皆有情 ★★★

在众多的苏州园林中，现存最古老的是位于城南三元坊附近的沧浪亭。沧浪亭一说原为五代吴越广陵王钱元璙的别圃；一说是钱氏近戚中吴军节度使孙承佑的池馆。北宋年间，著名诗人苏舜钦以四万贯钱买下废园，因感于“沧浪之水清兮，可以濯吾缨；沧浪之水浊兮，可以濯吾足”，傍水修建沧浪亭，并作《沧浪亭记》题写园景，自号沧浪翁，寓居园中。

沧浪亭景色简洁古朴，落落大方，不以工巧取胜，而以自然为美。园内景色因水而起，园门北向而开，前有一道石桥，一湾池水由西向东，环园南去；清晨夕暮，烟雾弥漫，极富山岛水乡诗意。而园内布局以山为主，入门即见土石相间的假山，山上古木新枝，生机勃勃，翠竹摇影于其间，藤蔓垂挂于其上，自有一番山林野趣。

著名的沧浪亭即建造在假山顶上，高踞丘岭，飞檐凌空。亭的结构古雅，与整个园林的气氛相协调。亭四周环列有五六株高大乔木，树龄已逾百年。亭上石额上的“沧浪亭”三个字为俞樾所书。石柱上刻有对联：“清风明月本无价，近水远山皆有情。”这上联是选自欧阳修诗中“清风明月本无价，可惜只卖四万钱”（《沧浪亭》）句，下联则出自苏舜钦诗中“绿杨白鹭俱自得，近水远山皆有情”（《过苏州》）句。

假山下还凿有水池，并沿池筑一道复廊，蜿蜒曲折，既将临池而建的亭榭连成一片，不使孤单，又可通过复廊上一百余图案各异的漏窗两面观景，使园外之水与园内之山相映成趣、相得益彰，自然完美地融为一体。

在假山的东南部，还有一面阔三间的“明道堂”。它是园中的主体建筑，取“观听无邪，则道以明”意为堂名。相传乾隆皇帝南巡之时，曾召誉满江浙的苏州评弹艺人王周士于此堂内说书。

★★★ 狮子林的假山迷宫 ★★★

与清幽古朴的沧浪亭一样，位于城东北园林路的狮子林也是“苏州四大名园”之一，是一处元代园林。元末至正二年（1342年），寺僧惟则（即天如禅师）为纪念其师中峰和尚（即普应国师）而修建菩提正宗寺。寺北后院有一片竹林，因“竹下多怪石，状如狻猊（狮子）者”，又因中峰和尚原住天目山狮子岩，再取佛经中“狮子座”之意，故被称为“狮子林”。后来年长日久，人们便把这院与寺合称为狮子林了。

狮子林有苏州古典园林亭、台、楼、阁之人文景观，但更以湖山奇石、洞壑深邃而著称于世，素有“假山王国”的美誉。这里的假山以“适、漏、瘦、皱”的太湖石堆叠，气势磅礴，玲珑峻秀，曲折盘旋，可分为上、中、下三层，共有9条山路、21个洞口，就像一座奇妙的大迷宫。沿着曲径磴道上下于岭峰谷坳之间，时而穿洞，时而过桥，高高下下，左绕右拐，来回往复，趣味无穷，真可谓“山穷水尽疑无路，柳暗花明又一村”。若两人同时进山分左右两路走，便只闻其声而不见其人，原本明明相向而来，少顷却又相背而去，有时隔洞相遇，也是可望而不可及。你一边转，还可一边欣赏千姿百态的湖石。这些湖石多数像狮子，大大小小有五百来头，有怒吼的，有酣睡的，有嬉戏打闹的，或躺或立，或肥或瘦。也有像龟的、像鱼的、像鸟的；另外还可以找到十二生肖像，真叫人看

可以说，狮子林假山是中国古典园林中堆山最曲折、最复杂的实例之一。

得眼花缭乱。

转到假山顶上，就可以看见耸立着的著名五峰了：居中为狮子峰，形如狮子；东侧为含晖峰，如巨人站立，左腋下有穴，腹部亦有四穴，在峰后可见空穴含晖光，因而得名；西侧是吐月峰，势峭且锐，傍晚可见月升其上；周围还有立玉峰、昂霄峰及数十座小峰相映成趣。

★★★ 池广树茂拙政园 ★★★

如果说在苏州四大名园中，沧浪亭和狮子林分别代表着宋代和元代的园林艺术风格，那么拙政园则是明代园林艺术风格的代表了。它初为三国时吴郁林太守陆绩的府第，后为唐代诗人陆龟蒙的宅院。明正德年间（1506年前后），御史王献臣仕途失意归隐苏州，将此园买下，聘请著名画家、吴门画派的代表人物文征明参与蓝图设计，历时16年建成，并借用西晋文人潘岳《闲居赋》中“灌园鬻蔬，以供朝夕之膳……是亦拙者之为政也”之句，名其为“拙政园”。

拙政园的整体布局疏密得当，特点是以水为主，水面广阔，并且遍植花木。园内以池水为中心，楼阁轩榭建在池的周围，其间有漏窗、回廊相连，与山石、古木、绿竹、花卉等，共同构成了一幅幽远宁静的画卷。池水澄碧如玉，渲染出闲适、旷远、雅逸和平静的氛围；曲岸湾头，来去无尽的流水潺潺汩汩；通过平桥小径为脉络，长廊逶迤填虚空，岛屿山石映左右，使看似松散的园林建筑融为一体，相辅相成。整个园林建筑仿佛浮于水面，加上木映花承，在不同自然环境中产生不同的艺术情趣，春日繁花俏丽，夏日蕉廊葱茏，秋日红蓼芦塘，冬日梅影雪月，四时景色皆宜人，处处山水都成诗，流连园中，令人玩味无穷。

在拙政园东、中、西和住宅四个部分中，最具代表性的是中部。这里池广树茂，景色自然，临水布置了形态不一、高低错落的亭台楼榭，有的亭榭还直出水中。其中，以荷香喻人品的“远香堂”是中部的主体建筑，它位于水池南岸，隔池与东西两山岛相望。池水清澈见底，遍植荷花，每逢夏天来临，荷花盛开，微风吹拂，送来阵阵清香，沁人心脾；再看山岛上到处都是花草树木，林荫匝地；临到水岸，又是藤萝粉披，一片生机。

★★★ 留园厅堂布局巧 ★★★

除了沧浪亭、狮子林和拙政园之外，位列“苏州四大名园”的还有留园。留园不仅是苏州四大名园之一，同时也是中国四大名园之一。它以独具一格、收放自然的精湛建筑艺术著称，其层层相属的建筑群组、变化无穷的建筑空间令人叹为观止。

一进大门，留园不同凡响的建筑艺术处理就展现出来了：狭窄的入口内，两道高墙之间是长达50余米的曲折走道，造园家充分运用了空间大小、方向、明暗的变化，将这条单调的走道处理得意趣无穷。走道尽头，是迷离掩映的漏窗、洞门，不远处的湖光山色若隐若现。不过，只有绕过门窗，绝色美景才能一览无余，达到了欲扬先抑的艺术效果。留园内的通道都似这般，通过环环相扣的空间造成层层加深的气氛，人们看到的回廊复折、小院深深，便是接连不断、错落变化的建筑组合。

留园建筑艺术的另一个重要特点在于它内外空间关系格外密切，并根据不同的意境采取多种结合的手法。例如，建筑面对山池时，欲得湖山真意，则取消面湖的整片墙面；建筑各方面对着不同的露天空间时，就以室内窗框为画框，将室外空间作为立体画幅引入室内。而室内外空间的关系既可以是建筑围成庭院，也可以是庭院包围建筑；既可以用小小天井取得装饰效果，也可以把室内外景色自然融为一体。这就使得原本已千姿百态、赏心悦目的园林景观呈现出更多诗情画意的境界。

【平遥】

★★★ 鸟瞰“乌龟城” ★★★

平遥城的始建时间至少可追溯至周宣王时期，相传为当时的重臣尹吉甫驻军时所筑。后明洪武三年（1370年）出于军事防御的需要，在原西周旧城的基础上扩建，此后又经数次修补，但总体仍保持了明代初期的建筑风格。

这座依照“因地制宜，用险制塞”原则修建的古城平面呈方形，城墙周长6163米。南城墙随中都河蜿蜒而建，其余三面皆直线相围。城墙高8~10米，底厚8~12米，顶厚3~6米。墙身素土夯筑，分层铺设稻草为拉筋，外壁城砖白灰包砌，顶部青砖铺设，内向置泄水渠道。环城墙辟有城门6座，东西各二，有上下门之分，南北各一。各门交错设置，门外筑瓮城，内外皆用条石铺砌。城墙四角设平台，各建角楼一座。而且，城墙每隔50米便筑敌楼1座，共有72座，垛口共计3000多个，据说是按“孔子有弟子三千，贤人七十二”来设计的。

鸟瞰平遥古城，更令人称奇叫绝：这个平面呈方形的城墙竟形如龟状。那城池南门为龟首，门外两口水井象征龟的双目（现如今已改成两座亭子）；北城门为龟尾，是全城的最低处，城内所有积水都要经此流出；城池东西四座瓮城，双双相对，上西门、下西门、上东门的瓮城城门均向南开，形似龟爪前伸；唯下东门瓮城的外城门径直向东开，据说是为防乌龟爬走，将其左腿拉直，拴在了距城几千米之外的麓台上。在古人心目中，乌龟是长生之物，他们希冀借龟神之力，保佑平遥古城坚如磐石，金汤永固。

★★★ 明清“土”字街 ★★★

平遥古城的布局十分严谨，其交通脉络由纵横交错的四大街、八小街、七十二条蜿蜒巷道构成。从现今的平面图上看，四大街正好构成一个清晰的“干”字。看到这里，有人或许忍不住要发问了：既然如此，为什么一定要把“干”字倒过来，说成是明清“土”字街呢？原来，古人制地图是按“上南下北”的原则，本就应该是个“土”字。另外，还值得注意的是，这“土”字居于中央，形成了一个中央无极土，把平遥城主要的地方一下子都覆盖起来了。而且，“土”字的竖划恰好就是南大街，这种规划设计体现了明清时的城市规划理念和形制分布——普天之下莫非王土。

由此遥想，在平遥城建设之初，建造者就根据旧时规制，将南大街确定为城中的主干道，恰如那神龟的脊骨。既然以南大街为主干道，那么整个城又该形成怎样的布局呢？自然是“左文右武、左神右人”了。所以，城中左有道观，右有寺院，道寺并存，人神共治，文武相成。

也许正是因为这样的风水讲究，才使得平遥城的商业在明清时期逐步繁荣昌盛。当时，平遥的商铺种类涉及各行各业，特别是南大街，“协同庆”、“裕泰厚”等票号、钱庄相继在南大街开张，可谓盛极一时。而我国第一家现代银行的雏形——“日升昌”票号也在离南大街不远的另一条街道上诞生了。之后，这些票号、钱庄在国内很多省份先后设立分支机构，随着业务的延伸，有的分号更是进一步扩展到了日本、新加坡、俄罗斯等国家。在鼎盛时期，平遥的票号发展到22家之多。清朝年间，南大街控制着全国百分之五十以上的金融机构，一度成为我国金融业的中心，被称为“中国的华尔街”。

★★★ 怪哉！房子半边盖 ★★★

都说“河南人爱穿绸，山西人爱盖楼”，而在爱盖楼的山西人中又以平遥人为最。发了财的平遥人自然要大兴土木，修宅盖院，显赫乡里。如今，这平遥古城的特色和价值主要也就存在于围墙之内的大片灰色建筑之中。

平遥民居的平面布局多为严谨的四合院形式，有明显的轴线，左右对称，主次分明，沿中轴方向由几套院组成，一般为呈“目”字型的三进院基本形式。而院落之间多用矮墙和装饰华丽的垂花门作为分隔，有的也在院落一侧或后面建有花园。其中正房多为三间或五间的拱式砖结构窑洞，它是平遥宅院中最重要的房子，由家中长辈居住，通常皆有垂花门及前廊，装饰隆重而瑰丽，有时甚至会让人产生奢侈的感觉。这也说明了平遥人对传统伦理观念的重视。

但是，平遥民居的特色并不全在这儿，重要的还在于它的屋顶。当地民间有“平遥古城十大怪”的说法，这其中有一怪就是“房子半边盖”。平遥民居的房脊都在房屋后墙，成一面坡式单向流水，而不像其他地区是人字形的两面坡双向流水。之所以如此，是因为当地人讲究“雨水为财”和“财水不外流”。

【建水】

★★★ 朝阳楼上故事多 ★★★

建水古城位于云南昆明之南220千米处，古称步头，亦名巴甸。唐元和年间（810年前后），南诏政权于此筑惠历城。至明洪武二十二年（1389年），朝廷平定云南后设临安卫，筑临安城，在建水原有土城的基础上拓地改建为砖城。不过，明末农民军起义将领李定国在攻占临安城时，其南、北、西三城楼均毁于战火。唯有东门的朝阳楼，虽然历经多次战乱和地震，在近六百多年的岁月里仍旧巍然屹立。

“东城楼，高百尺，干霄插大……”，从《建水州志》中关于“东楼凌汉”的这一说法中可以看出，曾经的朝阳楼巍峨挺拔、气势雄伟。它占地2312平方米，城门依地势筑于高岸，楼阁又起于两丈多高、用砖石镶砌的门洞之上，用48根巨大木桩支撑。这些木桩分成六列阵势，每列各有8根，中间两列最粗大，直通三楼；其外两列木桩稍细，只通二楼；最外面两列木桩更小，仅支撑一楼屋檐。这种结构具有良好的抗震性能，所以前人在《登东城楼》诗中称赞道：“形胜据荒陬，翻身近斗牛。东南几属国，今古一高楼。”

朝阳楼正面的顶层檐下，东面悬挂着清代书法家涂晫书写的“雄镇东南”巨匾。涂晫是康熙乙酉年间（1705年前后）石屏籍举人，当时在临安府衙内任师爷。相传临安知府来谦鸣特请涂晫题写这四个匾字，书好后立在墙边眺望，以为这四个字：“雄”得龙精虎猛，“镇”得恢宏大气，“东”有昂首阔步之气势，“南”有傲然挺胸之丰采。

★★★ 朱家花园：滇南大观园 ★★★

建水曾有“惠历”的旧称，那是大海的意思。这一带虽没有海，但是人们却开挖了许多水井，从俗称的一眼井到十三眼井都有。在这众多井中，最为人津津乐道的是一口“发财井”，传说用里面的井水洗手就会发财。原来，这口井的水位高出地面，伸手可掬，井水自然流溢到地面，在院中的四个角

月宫门正上方的“循规蹈矩”，寓意“进门须循规蹈矩”；背面的“谨言慎行”，则寓意“出门牢记谨言慎行”。

落流淌。按照风水学中的理论，水即是财，所以，这口井称得上是“财源滚滚”了。

发财井位于建水城内的朱家花园里。朱家花园是一组规模宏大的清代民居建筑，有着“西南边陲大观园”之称。它坐南朝北，入口为垂花大门。垂花大门是瓦屋顶，三叠水式楹。门头上方高悬着三重错落有致、优雅精美的檐枋，上面分别雕镂出富有寓意的图案：第一重檐枋上透雕几尾游鱼和两条金龙，寓意为“鱼跃龙门”；第二重檐枋上雕着朝阳和四只喜鹊，寓意为“四喜临门”、“蒸蒸日上”；第三重檐枋上镌刻佛手、桃梨、香炉、宝瓶等物，象征着“福禄寿”；而旁边雕斗上镂空的金马、碧鸡，则寓意“金碧辉煌”。在大门前，还有一对刻着龙凤图案的石鼓，据说这是两个石匠花了一年工夫才造成的。

进了大门就是家宅，是个三套三进的院落，并列连排。步入中门，迎面而来的是一道透空花墙，上面开着一道月宫门，正上方有四个字“循规蹈矩”，背面则是“谨言慎行”。沿着院子的中轴线，前厅、中厅和后堂依次排列。其中前厅左接花厅，花厅三开间，卷棚顶，两侧置美人靠，主人在园中赏花观鱼后，可在此小憩。据说，当年花厅外面的花园是朱家少爷、小姐们最喜欢的地方，他们在这里吟诗写字，还在这里一遍又一遍地读那本令人荡气回肠的《红楼梦》。

★★★ 文庙儒风浩荡 ★★★

建水县古称临安，历史上这里文风盛行，素有“文献名邦”、“滇南邹鲁”之誉。明清两朝开科取士，据说有时云南一榜举人中，临安学士竟占了半榜之多，所以又有“临半榜”的说法。

学风如此兴盛，必定与当地的学习环境有关。早在元代初期，建水就修建了文庙。文庙亦称孔庙，在全国多地都有修建，而建水文庙按照山东曲阜孔庙的布局扩建，形成了较大规模，占地7万多平方米，气势宏伟。

步入建水文庙的庙门“太和之气”坊，一个面积不大的池塘就会映入眼帘，这就是“学海”。纵观全国各地的文庙都有泮池，而唯独建水文庙，称这半亩方塘为“学海”，取“学海无涯”之意。“学海”内碧波荡漾，周围柳丝轻拂。池塘中央，还建有一座造型美观的“思乐亭”。

走到正殿，可见到“先师庙”三个鎏金大字。每字长2米，宽1.5米，遒劲雄浑，四周镶嵌着龙凤呈祥图样。此殿建于明朝弘治年间，距今已有500年，但仍坚固完好。支撑着全殿的28根大柱中，有12根为石柱，每根高5米多，约重万斤，都是用整块青石凿磨而成的。特别是左右两根檐柱，上面还有巨龙盘绕的精细浮雕，名曰“石龙抱柱”，栩栩如生。先师庙的屋顶是用五光十色的琉璃瓦铺盖的，每当旭日东升，光辉灿烂，极为壮观。

【永定】

★★★ 土楼：山村的神话 ★★★

位于福建省西南部，为闽西、粤东交界处的永定地区，在历史上长期处于动乱之中，朝廷曾屡派大军镇压均无见效。后明成化十四年（1478年），这里从上杭县分出置县，取名“永定”，意为“永远安定”，并沿袭至今。

永定县分布着许多历史悠久、风格独特的客家民居建筑群，它们被统称为“永定土楼”。这些土楼分为圆楼和方楼两种，据统计，永定全县共有圆楼360座，方楼4000余座。令人好奇的是，客家人为什么要建这么多土楼呢？原来，当年客家人为躲避中原的战乱和饥荒而南迁，在南迁的过程中，既要经受严酷自然环境的考验，又因为当地人排外而不断受到骚扰，所以，他们必须紧密地团结在一起，并时时刻刻做好防御准备。土楼最大的好处就是增加了家族的血缘联系以及具备超强的防御功能。筑墙所用的生土是三合土，即细净的、没有杂质的黄土按一定比例掺入细河沙、水田底层的淤泥和年代久远的老墙泥，搅拌均匀后加水，再用锄头反复翻整、发酵。充分发酵的混合泥中，还必须加入上好的红塘、打散起泡的鸡蛋清、不见米粒的糯米汤。当地有句老话叫作“一碗土换一碗猪肉”，传说如果被敌人围困在土楼里久了，这种土是可以刮下来吃的。这种土被反复舂压夯实之后，越老越结实，即使用尖利的工具去凿，连粉末也很难掉落一颗。因此直到今天，人们还能看到土楼历经几百年风雨依然坚实如初。

★★★ 八卦振成楼 ★★★

永定县的客家土楼被打上了中华传统文化的深深烙印——它们中的许多都是按八卦图设计的。其中，最为典型的代表当属振成楼。

振成楼位于永定湖坑镇洪坑村中南部，由林鸿超兄弟等人于民国元年（1912年）建造。它占地5000平方米，悬山顶抬梁式构架，分内外两圈，形成“楼中有楼，楼外有楼”的格局。外楼设有一个大门和两个边门，是按八卦中的“天”、

"地"、"人"三才格局布置的。它共有4层，每层48间，6间为1卦。其中，乾、巽、艮、坤卦位是公共场所，分别为后厅、门厅和左右侧门；坎、震、兑、离卦位是住房，各配楼梯，设门户，户闭自成院落，卦门开则连成整体。并且，卦与卦之间还设防火隔墙，一卦失火，不会殃及全楼。

振成楼的内圈有二层高，最重要的当属正中央的"祖堂"。"祖堂"就是大厅堂，它似一个舞台，台前立有四根周长近1米、高近7米的大石柱，石柱上镌刻对联"振乃家声，好就孝悌一边做去；成些事业，端从勤俭二字得来"。大厅墙壁上及门楣上还有民国初年黎元洪所提的"里堂观型"、"义声载道"等字。在厅堂两侧，上下两层30个房间形成了一个内圈，其中二层廊道两旁精致的铸铁花格栏杆据说是从上海运来的。

整个振成楼外环是土木结构，内环是砖木结构，其布局设施既有苏州园林的印迹，又有古希腊建筑的特点，可以说是"外土内洋，中西合璧"，堪称一朵建筑奇葩。1995年，振成楼的建筑模型与北京天坛一起，作为中国南北圆形建筑的代表参加了美国洛杉矶世界建筑展览会，并引起了轰动，被誉为"东方建筑明珠"。

★★★ 家族城堡承启楼 ★★★

在永定县，还有一座圆形土楼也同样有名，这就是承启楼。承启楼被称为"土楼王"，它位于永定县高头乡，依山傍水，面前是一片开阔的田野。

承启楼是一座城堡，一座家族之城。它从明代崇祯年间破土奠基，到清代康熙四十八年（1709年）竣工，经过了江姓家族三代人八十三年的奋斗才终于建成。相传在建造过程中，凡是夯墙时都赶上了大晴天，直到下墙枋出水后，天才下雨，于是有人感于老天相助，故把承启楼叫作"天助楼"。而今，承启楼的楼名为江静波教授所补题，楼上有副门联："承前祖德勤和俭，启后孙谋读与耕"。

承启楼的整体建筑面积达5376.17平方米，直径73米，走廊周长229.3米，为三圈一中心。其中外圈四层，高16.4米，每层设72个房间；第二圈二层，每层设40个房间；第三圈为单层，设32个房间。三环主楼层层叠套，中心位置耸立着一座祖堂。这就是土楼王的威仪，庄重而又壮观。

"高四层，楼四圈，上上下下四百间；圆中圆，圈套圈，历经沧桑三百年。"承启楼全楼共有400个房间，最多的时候住过80多户人家，共800多人，大家和睦相处，热热闹闹地像一个小城市。承启楼里有一副堂联："一本所生，亲疏无多，何须待分你我；共楼居住，出入相见，最宜注重人伦。"堂联所描绘的，正是他们其乐融融的生活情景。

以高大、厚重、粗犷、雄伟的建筑风格而见长的承启楼，融如诗般的山乡神韵于一体，让无数见过它的人叹为观止。

★★★ 方形宫殿奎聚楼 ★★★

说完圆形土楼，当然也要提一提方形土楼。这奎聚楼就是一座宫殿式结构的方形大土楼。它位于湖坑镇洪坑村西北部，建成于清道光十四年（1834年）。

奎聚楼坐北朝南，占地约6000平方米，三堂两落。沿其中轴线自南而北，依次是大门、门厅、天井、中厅、天井、大厅（祖堂前厅）和祖堂，两侧为横楼。奎聚楼主楼呈方形，土木结构，面阔33米，进深31米，底层墙厚1.5米，内通廊式，穿斗、抬梁混合式木构架。它的前半部分高3层，一、二层不开窗；后半部分高4层，因靠近后山，一、二、三层均不开窗。其中，底层为厨房、餐厅，二层为粮仓，三层以上为卧室。而且，主楼前楼与后楼的屋顶都分成3段，作断檐歇山顶，两侧的横楼屋顶则作悬山迭落。在两侧横楼的前半部分与后半部分之间，从底层至三层还均以青砖砌筑的防火墙隔开，内通廊以砖砌拱门贯通，两面砖墙两边对称。实际上，这两面砖墙同时也是前楼后楼的分界线。

在后楼的中轴线上，还有一座祖堂。祖堂在全楼中所占的位置超过其他楼。它雕梁画栋，前厅为砖木结构，高2层，楼阁式建筑，重檐歇山顶，与后楼的腰檐相连接。二层棚厅为"敦礼堂"，装饰华丽，其飞檐下悬挂楼主林奎飏入庠（儒生经考试取入府、州、县学为生员）、出贡（贡生按年资轮次到京，由吏部选任杂职小官）后荣获的"选魁"匾额。此外，后楼第四层的腰檐中段突出一段小屋顶，使祖堂前向形成4层重叠的屋檐，层次分明，雄伟壮观，许多人因此还把奎聚楼称为布达拉宫式的建筑。

西递和宏村

西递：“桃花源里人家”

素有“桃花源里人家”之称的西递古村坐落于安徽省黄山南麓，距黄山风景区仅40千米。它因村边有水西流，又因古有递送邮件的驿站在此而得名，是一处胡姓聚居、以宗族血缘关系为纽带的古村落。据史料记载，西递始祖为唐昭宗李晔之子，因遭变乱逃匿民间，改为胡姓，繁衍生息，逐渐形成村落。因而西递文风自古昌盛，到明清年间，一部分读书人弃儒从商，他们经营成功之后，大兴土木，建房、修祠、铺路、架桥，将故里建设得非常舒适、气派堂皇。历经数百年风雨侵蚀和社会动荡，西递古民居、祠堂、书院、牌坊等虽半数以上已毁，但保留下来的仍有数百幢，包括刺史牌楼、履福堂、大夫第等。

可以说，西递从整体上保留下了明清村落的基本面貌和特征。从布局来看，西递古村呈船形，四面环山，两条溪流从村北、村东经过，在村南会源桥汇聚。村落以一条纵向的街道和两条沿溪的道路为主要骨架，构成了东向为主、向南北延伸的街巷系统。所有街巷均以黟县青石铺地，建筑多为木结构，砖墙维护，木雕、石雕、砖雕丰富多彩。溪流、街巷、建筑布局相宜，空间变化极富韵味，建筑色调朴素淡雅，这一切使得西递成为徽派民居中一颗璀璨的明珠。

在西递村的入口处，是一片景色秀丽的水塘。顺着水塘边的石板小路进村不远，一座古香古色的青色大石牌坊就会映入眼帘。站在牌坊下举目仰望，只见上方横额处有“荆藩首相”四个大字。这座青石牌坊建于明万历六年（1578年），结构为三间四柱五楼，峥嵘巍峨之间也不失精巧雅致，它象征着胡氏家族在村中显赫的地位。在村中，还有一座康熙年间建造的履福堂，陈设典雅，充满书香气息。厅堂题有对联：“书诗经世文章，孝悌传为报本”、“读书好营商好效好便好，创业难守成难知难不难”，体现了儒学向建筑的渗透。村中另有一座古宅——大夫第，建于清康熙三十年（1691年），为临街亭阁式建筑，原是用来观景的。楼额悬有“桃花源里人家”六个大字，门额下还有“作退一步想”的题字，语意双关，耐人寻味。有趣的是，附近的村民多将大夫第当作古装戏中小姐择婿“抛绣球”的地方，这里如今已成为西递村举办民俗活动的场所。

此外，西递村中各家各户都有富丽的宅院、精巧的花园。黑色大理石制作的门框、漏窗，石雕的奇花异卉、飞禽走兽，砖雕的亭台楼阁、人物戏文以及绚丽的彩绘、壁画等，都体现了我国古代建筑艺术的精华。而且，这些建筑“布局之工，结构之巧，装饰之美，营造之精，文化内涵之深”，在我国古民居建筑群中实属罕见。

★★★ 宏村：中国画里的乡村 ★★★

距离西递村不远的宏村，是古黟桃花源里一座奇特的牛形古村落。它背倚黄山余脉羊栈岭、雷岗山等，地势较高，经常云蒸霞蔚，有时如浓墨重彩，有时似泼墨写意，真好比一幅徐徐展开的山水长卷，因此，被誉为“中国画里的乡村”。

宏村始建于南宋绍熙年间（1190~1194年），原为汪姓聚居之地。他们自出机杼地开“仿生学”之先河，规划并建造了堪称“中华一绝”的牛形村落和人工水系。鸟瞰宏村，就像一只昂首奋蹄的大水牛：巍峨苍翠的雷岗当为牛首；参天古木恰如牛角；由东而西错落有致的民居群宛如庞大的牛躯；村西北有一溪，引溪水为渠，绕屋过户，九曲十弯，汇合蓄成一口斗月形的池塘，形如牛肠和牛胃；水渠最后注入村南的湖泊，俗称“牛肚”；接着，人们又在绕村溪河上先后架起了四座桥梁，作为“牛腿”。如此历经数年，一幅牛的图腾便跃然而出了。这样别出心裁的、科学的村落水系设计，不仅解决了村民生活用水的问题，而且调节了当地气候，美化了自然环境，营造出一派“浣汲未防溪路远，家家门前有清泉”的良性生态。

不仅从村外自然环境到村内水系设计都完整地保存着古村落的原始状态，宏村的街道、建筑，甚至室内布置也都沉淀着广博深远的历史。宏村以正街为中心，街巷蜿蜒曲折，路面用一色的青石板铺成。两旁层楼叠院，大多为二进单元，前有庭院，辟有花园、鱼池。池边多设栏杆，“牛肠水”滋润得游鱼肥壮，花木浓香馥郁。远望马头墙层层跌落，额枋、雀替、斗拱上的木雕姿态各异，形象生动。

在数百幢鳞次栉比的古民居中，承志堂最为杰出，被誉为“民间故宫”。承志堂建于清末咸丰五年（1855年），是大盐商汪定贵的住宅。它占地约2100平

宏村内鳞次栉比的层楼叠院与旖旎的湖光山色交相辉映，空灵蕴藉，如梦似画。

方米，内部有60余间房屋围绕着9个天井布置，堪称村中最大的建筑群。承志堂的正厅和后厅均为三间回廊式建筑，两侧是家塾厅和鱼塘厅，后院是一座花园。全宅共有木柱136根，所有木柱和额枋间均饰雕刻。这些雕刻层次繁复、人物众多，人不同面，面不同神，算得上是徽派“三雕艺术”中的木雕精品。

此外，还有古朴典雅的敬修堂和气度恢宏的东贤堂等，它们同平滑似镜的月沼、碧波荡漾的南湖，以及探过庭院墙头的青藤石木、雷岗上的参天古木，共同构成了一个完美的艺术整体，使宏村步步入景，处处似画。

第八章 名人故里看风流

【曲阜】

★★★ 千年的精神圣殿 ★★★

孔庙广泛分布于北京、福州甚至其他国家，但位于山东省曲阜市南门内的孔庙，是祭祀孔子的本庙，是全世界2000多座孔子庙的先河和范本。据史料记载，它初建于公元前478年，是孔子逝世后第二年鲁哀公将其故宅以皇宫的规格改建而成。此后历代帝王也都不断加封孔子，扩建孔庙。经过历代扩建，曲阜孔庙后成为拥有九进院落的大型宫殿建筑群。

这前后九进院落中，前三进是引导性庭院，只有一些尺度较小的门坊，它们高揭的额匾，极力赞颂了孔子的功绩，给人以深刻的印象，使人的敬仰之情不觉油然而生。其院内还遍植成行的松柏，浓荫蔽日，创造出使人清心涤念的环境。并且，在这些高耸挺拔的苍松古柏间，还辟有一条幽深的通道，这既使人感到孔庙历史的悠久，又烘托了孔子思想的深奥。到第四进以后的庭院，建筑雄伟，黄瓦、红墙、绿树，交相辉映，它们既喻示出孔子思想的博大高深，又喻示了孔子的丰功伟绩。此外，那供奉儒家贤达的东西两庑长166米，又喻示了儒家思想的源远流长。

不只是建筑格局上体现了儒家思想，孔庙的每一道大门，每一座牌坊也无不有儒学典故。比如，那万仞宫墙。万仞宫墙位于孔庙建筑群中轴线的最南端，也称数仞宫墙，出自《论语·子张》："夫子之墙数仞，不得其门而入，不见宗庙之美，百官司之富，得其门者或寡矣"。还有金声玉振坊，是孔庙的第一座石牌坊，出自《孟子·万章下》："孔子之谓集大成；集大成者，金声而玉振也。金声也者，始条理也，玉振之也者，终条理也。"而金声玉振坊之后的泮池与泮桥，则是源于《礼记·王制》："大学在郊，天子曰辟雍，诸侯曰泮宫。"《五经通义》曰："诸侯不得观四方，故缺东以南，半天子之学，故曰泮宫"。唐玄宗曾追谥孔子为"文宣王"，位列诸侯，因而孔庙得以建泮池，从那以后便有"文庙"之称。而泮池与泮桥之后的棂星门，也称先师门，位于孔庙的第一进院南墙。棂星本称灵星，即天田星。宋代时建灵星门楼祭孔，意为尊孔如同尊天，渐渐"灵"被"棂"取代，成为"棂星门"。曲阜孔庙的第六道大门——大成门（或称戟门），则出自《孟子·万章下》："孔子之谓集大成"。由此开始孔庙分为三路，中路是以大成殿为中心、四周环绕廊庑的孔庙核心内院。内院中的主殿——大成殿相当于寺庙内的大雄宝殿，其内供有孔子、四配和十二哲。

★★★ 杏坛设教 ★★★

在大成门和大成殿之间，有一座明隆庆三年重建的重檐十字脊建筑，金碧辉煌，朱栏黄瓦，华丽古朴，庄严典雅。这就是杏坛——孔子当年传业授教的地方。据《庄子·渔父篇》记载，"孔子游乎缁帷之林，休坐乎杏坛之上，北子读书孔子弦歌鼓琴"，但此篇被认为是伪作，因此，杏坛也无从考据。而这座建筑是宋天禧二年（1018年），孔子四十五代孙孔道辅监修孔庙，将正殿后移扩建，以正殿旧址"除地为坛，环植以杏，名曰杏坛"。后金代始于坛上建亭，由当时著名文人党怀英篆书"杏坛"二字。

★★★ 煌煌"天下第一家" ★★★

在孔庙的东邻，便是孔府。它是孔子世袭"衍圣公"的世代嫡裔子孙居住的地方，是我国仅次于明、清皇帝宫室的最大府第，可谓是"天下第一家"。

孔府在明代时期占地16万平方米，后至清代逐渐缩小，目前占地约4.5万平方米。其布局分为中、东、西三路。中路有11进庭院，内宅门以前为衍圣公视事衙署，后面为生活院落。东路为家庙、慕恩堂等祠庙和接待朝廷钦差大臣的九如堂、御书堂等建筑；厨房、酒坊等服务用房也在东路。西路有衍圣公读书和学诗习礼的红萼轩、忠恕堂，以及接待一般宾客的南北花厅等。这中、东、西三路房屋已将政务、祭祀、读书、宴客、生活、供应全部包罗俱全，按封建礼制，已超过了公府的定制，布局俨然是小型宫殿。

这反映出了它是拥有皇家特权的贵族府第，我们从孔府的大门明间阑额上绘有的宫廷"双龙捧珠"的和玺彩画也可以看出来。而且大门正中上方还高悬着蓝底金字的"圣府"匾额，门两旁明柱上，悬挂着一副对联：与国咸休安富尊荣公府第，同天并老文章道德圣人家。这副对联相传是清人纪昀的手书。其文佳字美，形象地说明了孔府在封建社会中的显赫地位。它的口气之大自不待言，发人

★ 孔府大门

深思的是上联“安富尊荣”的“富”字，下联“文章道德”的“章”字。仔细观察，你可以看出，它的“富”字上少了一点，“章”字中多了一笔，这意思是说衍圣公官职位列一品，田地万亩千顷，自然富贵没了顶；而孔子及其学说“德侔天地、道冠古今”，圣人之家的“礼乐法度”，也就能天地并存，日月同光。

还有那孔府的正厅，也透露出了孔府的尊贵。孔府正厅即孔府大堂，是当年衍圣公宣读圣旨接见官员、申饬家法族规、审理重大案件，以及节日、寿辰举行仪式的地方。堂内正中悬挂着一个“统摄宗姓”匾，上刻清世祖顺治六年（1649

年）谕旨，要衍圣公“统摄宗姓，督率训励，申饬教规，使各凛守礼度，无玷圣门”，规定了衍圣公在孔氏家族中的种种特权。堂内两旁及后部还陈列着正一品爵位的仪仗，如金瓜、朝天镫、曲枪等。还有一些象征其封爵和特权的红底金字官衔牌，如“袭封衍圣公”、“光禄寺大夫”等。这些物具在衍圣公出行时，都有专人执掌，以示威严。

另外还值得一提的是，大堂之后有一通廊与二堂相连。这通廊里有一条大长红漆凳。据传，明代权臣严嵩被弹劾将要被治罪时，曾到孔府来托其孙女婿衍圣公向皇帝说情，但孔府主人未允，而此凳是当年严阁老坐候之物。

★★★ 孔林奇事多 ★★★

与孔庙、孔府合称曲阜“三孔”的，还有孔林。孔林，亦称至圣林，是孔子及其后裔的墓地，位于曲阜城北1.5千米。它是我国时间最久、规模最大、保存最完整的氏族墓地，也是世界罕见的宗族墓地之一。

这块墓地山水环抱：泗水从曲阜古城的西北流入，在北面环绕而行，流向西南与沂水汇流共同注入微山湖。这正形成小聚和“金带环抱”之势，符合古代风水所谓的“水之来者曰天门，水之去者曰地门，天门宜开，地门宜闭”的基本原则。所以，它自然是块风水宝地。

据说当年孔子的弟子们为孔子选择墓地时，子夏先选了一块地，说那是帝王之穴，但被子贡否决了，子贡认为，帝王只治理一国，一地，一时，怎能和夫子比。后来三千弟子和七十二位贤人包括子夏在内，就一致推选子贡为孔子选地。子贡早已胸有成竹，就选中了孔林这块地。孔子在下葬后，三千弟子们在这里守孝三年，三年期满弟子们才挥泪拜别孔墓，各自离去。而七十二位贤人，又继续守孝三年，六年期满，这些贤人们大哭着拜别孔墓，互相珍重道别。可是子贡仍然不走，又继续守孝三年。子贡在这里为孔子守孝了九年，尤其是最后三年，他独自一人守在这里，把孔子智慧中那些非言说性的东西参悟得深透。为了让后人也能领悟到孔子智慧的博大精深，他又对孔林的自然景象进行了精心的布局，使得占地近千亩的孔林内虽然草木丛生，但不存在一条蛇，时至今日，各种蛇类仍然不敢在孔林内栖身。而且，两千余年来，遍布古树的孔林也不存在一只乌鸦。此外，据说孔庙中有一棵孔子亲自种植的桧树。它算来至今已2700余年，却仍自一树擎天，凌空矗立，并不见有一枝枯死的树枝。

【韩城】

★★★ 文化人的“圣城” ★★★

在陕西关中东北部的黄河岸边，有一个余秋雨一直“想去却不敢去”的地方，同时也是贾平凹心中“三块很值得行走的地方”中的一块，这就是韩城。

韩城历史悠久，旧石器时代便有人类在此活动。漫漫岁月长河中，韩城出了许多文化名人，例如，春秋时期赵武、西汉史学家司马迁、乾隆年间名相王杰等都诞生在韩城，它素有“文史之乡”的美誉。从这样的历史渊源中我们可以想知，韩城定是文物古迹荟萃，难怪世人赞之曰“关中文物最韩城”。不仅如此，韩城还享有“小北京”之称。其内明清四合院民居建筑保存得很完整，被国内外专家赞誉为“世界民居之瑰宝”、“人类文明的活化石”。尤其是党家村的门楣题字，更是极为珍贵的文化遗产。

关中文物最韩城

在韩城市区东北7千米处黄河西岸的台地上，有一梁代村。在梁带村北，就是两周墓地。这两周墓地东西长600米、南北宽550米，总面积为33万平方米。经大面积勘探后，这里共发现了两周墓葬895座、车马坑64座，其中大型墓葬7座。在发掘过程中，K1、M19、M26（K代表“坑”、M代表“墓”）出土了大批金、玉、铜、漆、石、铁器等罕见文物，而且许多都是国内首次发现。

★★★ 拜谒司马迁祠 ★★★

如果说韩城是许多人心目中的“圣城”，那么拜谒司马迁祠，则是一种“朝圣”。

司马迁祠位于韩城市芝川镇的东南。它依山而建，建在4个高台之上，高台之间有石台阶连接，逐阶升高。当走过现代化的广场和清代的桥，司马迁祠山门及门楣上的“汉太史司马迁祠墓”匾额会立即映入眼帘；爬上石阶引路的太史坡，又见“高山仰止”的牌坊；第三个小平台也有砖砌牌坊“河山之阳”，语出司马迁自序“迁生龙门，耕牧河山之阳”。这前三个高台上建有大殿、享殿和碑亭等。碑亭内碑石林立，为宋、金、元、明、清各代名人凭吊吟咏之作。

攀上蜿蜒的石阶后，“太史祠”朱红山门殷勤相迎。寝宫就正对大门，其献殿廊柱上有木刻对联：刚直不阿留得正名凌霄汉，幽而发愤著成史记照尘寰。走进寝宫，神龛内那身着红袍，手握竹简，仪态巍然的司马迁就映入我们眼帘。这长须飘飘的司马迁绝非宫刑加身后的容貌，据说，这是因为家乡人力图恢复司马迁的男儿之身，认为威武豪迈的司马迁，才是真正意义上的史圣。

在司马迁祠院的后面，还有一座司马迁墓。这座形状极似蒙古包的八卦墓，传说是元世祖忽必烈敕命改建的。据说是因为司马迁在《史记》中最早把蒙古族祖先匈奴人列入正史，毫无歧视之意，他开放包容的民族观得到了元世祖的尊重。司马迁墓前没有飞扬的锡箔纸钱，只有几缕青烟在碑前缭绕。一棵苍翠的柏树从墓顶蓬勃而出，树分五杈，亭亭如盖，如五只手指怒向苍天。

★★★ 徐村——“余下来的两支人” ★★★

在韩城，还有一处与司马迁有着紧密联系的地方——徐村。徐村悄悄“躲”在韩城巍东乡的一隅，四面环沟，进出都不容易，从地势上看，它并不适合居住。但是传说这里是司马迁后裔的聚居地，所以它又名“续村”，意在延续司马迁之骨血——把“徐”字拆开解读，就是“余下来的两支人”。

这余下来的两支人，一支人姓同，一支人姓冯。这里又出现了拆字游戏：同者，司字加一竖也；冯者，马字加两点也。徐村人不仅用这么有趣的文字游戏提醒自己都是司马迁后人，他们还用严格的仪式提醒后人：同冯本一家，同冯不分，同冯不婚。而且，打开徐村平日深闭的汉太史遗祠大门后，我们可以看见，祠堂上端坐着司马姓的祖先，祠堂下，同、冯两姓历祖牌位分列两厢。这异姓族人同居一祠，共奉一位先祖，在全国也属罕见。

但是，关于徐村人是否是司马迁的后裔，学术界一直争论纷纷，有人一笑置之，也有人断然否定……不过，徐村内确实处处散发着司马迁的气息，比如，徐村也有司马迁墓。根据墓的碑文显示，司马迁逝世后，其族人恐有不测，就将其尸骨葬于徐村老牛坡下，于清明时节在此唱“跑台子戏”，名曰迎神，实为祭祖。而且，徐村还有一个小池塘，村人将其解释为“墨池”，那旁边的碑，当然就变成了“笔”——好让司马迁蘸着墨池里的墨写字！另外，当你来到“法王行宫”前，村人就会提醒：“你试着从相反方向念一下”，一时，“法王行宫”就成了“宫刑枉法”，这是司马迁后人对当时汉武帝残害忠臣的愤慨。如果是巧合，那这些巧合也真是“巧”了。

★★★ 党家村——门楣上的中庸之道 ★★★

除了司马迁祠和徐村外，韩城还有一处地方不得不提，那就是党家村古民居。党家村古民居位于韩城东北9千米处，是国内迄今为止保存最完好的明清建筑村寨，被誉为“东方人类古老民居的活化石”。其青砖瓦房的传统四合院，以及宝塔、暗道、祠堂、私塾、节孝碑等独特建筑，无不彰显着传统民居的建筑艺术之美。

党家村的村容如舟，民居建筑多为砖木结构，青砖砌墙，灰瓦盖顶。它们虽出自民间工匠之手，其装饰建筑的艺术美感却特别浓郁。房屋建造不仅符合传统的风水学，而且院落、围墙、房间、屋檐等处处用精美的木雕、砖雕、石雕巧妙贯穿结合，相互映衬烘托，使得整体建筑具有独特的艺术之美和研究鉴赏价值。不少院子门外还有上马石、拴马桩等，可见当时这些户主非富即贵。

此外，四合院门楣、门匾上现存的古代题字也是党家村古民居建筑的一个重要特色，其完整地展现了当时党家村的生活文化氛围。这些题字中，有如“忠信”、“谦受益”、“和为贵”、“平为福”这类标志普通老百姓信仰和追求的；也有如“父子御史”、“十马高轩”、“世进士”、“文魁”、“武举”、“登科举”这类标志权贵的；还有志向不俗之人，情趣卓异之家，则在门楣上写出另外的题字，如“清白传家”、“淡泊”、“清平乐”、“芝兰其室”等。

在一些民居里，墙壁上刻写的家训也颇为耐人寻味。例如贾家的钱庄墙壁上刻写着四幅家训，其中有一幅是“傲不可长，欲不可纵，志不可满，乐不可极”，告诫子孙要恪守中庸之道。

绩溪

弹丸之地的来历

绩溪位于安徽省东南部，是含中山的低山丘陵山区。其西部为黄山支脉，东部为西天目山脉，这二者的主要山峰皆在千米以上。而绩溪境内大鄣、大会、大嶅三山鼎立，从东北向西南、西北向东南倾斜。其中，东部的清凉峰海拔1787.4米，是绩溪的最高处；南端的江村环海拔125米，是绩溪的低谷。

有着“宣徽之脊”之称的绩溪，也是长江水系和钱塘江水系的分水岭。其内北流之水属长江水系；南流、东流之水属钱塘江水系。这里河流交错，沟谷纵横，2千米以上的天然河流有136条，总长831千米。其中徽文化的母亲河——登源河长55千米，另外还有扬之河、大源河各长40千米。

但是，这群山环抱、河道迂回的绩溪，东西长59.5千米，南北宽只有42千米，总面积也才1126平方千米，可谓是个弹丸之地。

不过，这弹丸之地却颇有来历。据史料记载，绩溪县创始于唐永泰二年（766年），它的县名是根据境内山溪潆洄的地理特征而命名的：俯瞰绩溪，其境内河流“交流如绩”，因而名为绩溪。如《元和郡县志》说：“此县北有乳溪，与徽溪相去一里并流，离而复合，有如绩焉，因以为名。”《太平寰宇记》说法也一致：“以界内乳溪与徽溪相去一里，回转屈曲并流，离而复合，谓之绩溪，县因名焉。”

《太平寰宇记》在介绍了“以水交织而为县名”这种说法后，还提到了另外一种说法，说绩溪是“以临溪石上绩纱而名”。原来，这“绩”，有缉麻线的含义；而“溪”，为山间流水；绩溪县“有临溪石，在县北三里，临溪岸，方圆二丈，其平如砥，溪水甚宜浣纱。数里内妇女悉来浣纱，去家既远，遂于石上绩而守之。每春花始布，花柳交映，多艳妆丽服群绩于此，虽不浣纱者亦有从而会绩焉。又曰其县名绩溪，亦兼取绩之义也。”

无绩不成街

从地缘政治上讲，绩溪是徽文化的核心地带。从历史渊源上看，绩溪又是徽文化孕育发展的有机整体，可以说，徽文化中充满了闪熠的“绩溪元素”。而从某种意义上说，徽文化是一种商人文化；所以，绩商，这徽商中的一支劲旅，便不容小觑。

早在宋代，绩商已颇具实力。他们经营徽墨、茶叶、菜馆、国药和土杂山货等，足迹遍布大江南北。至明清时更是达到鼎盛，那时绩溪经济总量不高，但从商人口比例则名列前茅。县内“出贾既多，土地不重”，行贾四方，甚至远涉东南亚欧美。到民国，全县外出经商之人占总人口的25%，最高年份达到30%以上。就这样，那个“田畴不逮婺源，贸迁不逮歙休”的偏僻贫弱小县，却因绩商踏踏实实的小本经营，最终使江南商埠有了“无绩不成街”之说。

看到这里，也许你会觉得这种说法有点夸张，绩溪徽商的影响力有那么大吗？那么，让我们从红顶商人胡雪岩的身上来窥探一二。徽州绩溪人胡雪岩，幼时家贫。后机遇之下，入浙江巡抚幕，为清军筹运饷械。1866年，他协助左宗棠创办福州船政局，在左宗棠调任陕甘总督后，主持上海采运局局务，为左宗棠大

★ 绩溪胡氏宗祠

借外债，筹供军饷和订购军火，又依仗湘军权势，在各省设立阜康银号20余处，并经营中药、丝茶业务，操纵江浙商业，资金最高达二千万两以上，人称“为官须看《曾国藩》，为商必读《胡雪岩》”。而且，胡雪岩原本是纯粹的商人，竟然得到清廷特赐戴红顶子、穿黄马褂，实为亦官亦商，这在我国商史中亦属罕见。

另外值得一提的是，我国新文化运动的先驱胡适也出自绩溪徽商世家。他的家乡绩溪上庄村，是一个被人称作“小上海”的徽商故里——上海的茶叶店中有不少都是绩溪上庄村人开办的。其中，著名的“汪裕泰茶庄”就是当年胡适在上海经常的栖身之处。胡适的先祖19世纪初也在上海经营茶业，其父胡铁花“年十四，已如成人，每岁茶市，已能供奔走，助力作”。胡适的一生，与绩溪徽商结下了不解之缘，可以说，如果没有绩溪徽商这个大背景，就不能产生文化巨匠胡适。而他之所以能成为一代文豪、国际著名学者和新文化、新思想的领军人物，很重要的原因也是他善于集绩溪徽商文化、儒学精神和西方先进思想之大成，厚积薄发、推陈出新。

★★★ 文墨飘香 ★★★

走近绩溪，如入“百里花园”。村落阡巷古风习习，马头墙下岁月悠悠。恢宏的古祠旁，捏一把黑泥土，能溢出千年文化；垂垂的黑墙上，剥一层灰墙垢，能闻透百载史香；寂静的乡野里，踏一块青石板，能溅起亘古的历史记忆。

这座古色古香的徽州民俗博物馆，明清古遗甚多，胜迹原汁原味，成为研究中国封建后儒社会的宝库。其中，有着“国宝”之称的龙川胡氏宗祠旁，矗立着“奕世尚书”石牌坊。它仿佛在告诉人们，这个龙川尚书胡氏大家族过去的荣耀。在周家祠堂里，陈列着精美绝伦的“三雕”杰作，一刀一锤，凝结着民间匠人的点滴心血。而在桂枝书院遗址旁，回荡着朱熹讲“经”论“理”之声，其精髓已沁入古朴民风。

是啊，绩溪民风淳朴，民谚俗语中闪烁着人性光辉，充满了独特的处世哲学。例如，讲人情，遵循“七碗来八碗去”；言诚信，切忌“寄信割牛草”；谈节俭，“腌菜滚豆腐，日子长长路”；论经营，“抓一把撒一把”；学生意，“吃得苦中苦，方为人上人”。这些俚语无不浸润展示着深刻的理学内涵，厚寄着绩溪人对生活的那份奢望。

就是这样一片神奇的土地，滋养出了一朵璀璨的徽文化奇葩。而徽墨，当属这其中耀眼夺目的一笔。徽墨是我国传统文房四宝之一，因产于古徽州府得名，而绩溪是其主要产地。据《绩溪县志》载："绩溪为徽墨发祥地之一。县人操墨业始于宋；明清为全盛时期。岭北乡从事墨业者最多，世代相沿，良工辈出。清代墨业名店名家迭起，店号布及全国数十市镇。"清代我国有四大制墨名家，绩溪汪近圣和胡开文就占了两家。尤以胡开文墨后来居上，成为文房四宝中徽墨的代表。他所制的"苍佩室墨"，造型新颖，墨质精良，曾为贡品；而"地球墨"还于1915年在美国举办的巴拿马万国博览会上荣膺金质奖章。

徽墨享有"落纸加深，万载存真"之誉，具有色泽黑润、入纸不晕、历久不褪色、防腐防蛀、造型美观、装潢典雅等特色，特别是它馨香浓郁，为书画家必备佳品。

绍兴

浣纱江畔看沉鱼

绍兴古称“会稽、山阴”，是春秋越国、吴越、南宋等朝代的古都，素有“华夏风流、泱泱大邦、群贤毕至、天下繁剧、天上仙都”的美誉。

这里是中国古代四大美女之首——西施的故里，有前人为纪念西施而建的亭台楼阁依浣纱江逶迤排开，绵延数里，蔚为壮观。

其中，西施殿门楼外观像座牌坊，四根一组的青石圆柱中间是三扇朱红油漆拱形大门，给人以古朴凝重的第一感觉。西施殿综合吸取了传统宫殿和民间宗祠的构筑手法，把主殿台基抬高，殿前以拱桥为主轴，并配置水池和东西侧厢，这种结构既保证了主殿的体量，又不至于呆板，起承开合多变化，高低错落有层次。大殿内的西施像（底座高80厘米，像高280厘米）神态娴雅，端坐在浣石上。

西施殿右侧正对门楼的建筑是古越台。古越台依山而筑，台内奉越王勾践，两侧立谋臣范蠡、文种，台中上悬“卧薪尝胆”匾额，尽显励精图治、灭吴雪耻之志。与西施殿遥遥相对的郑旦亭，为八角重檐，上层为三叠檐圆顶。内置巨钟，撞之訇然。整座亭亭角精巧别致，昭示着浣纱郑旦女一如既往地默默相伴着西施。

西施殿不远处的江岸，还立一飞檐亭阁，称浣纱亭，亦谓西施亭。沿游步道而下到江边，矗立着一块古朴苍褐的巨型方石，上镌“浣纱石”。相传，这里为西施浣纱处，她在河边浣纱时，清澈的河水映照出她俊俏的身影，使她显得更加美丽，这时，鱼儿看见她的倒影，忘记了游水，渐渐地沉到了河底。

兰亭胜景依旧

绍兴西南的兰渚山一带，与浣纱江一样雅致。春秋时越王勾践在此种兰，汉朝设驿亭，故名兰亭。东晋士族高官在兰亭举行盛会，会稽内史王羲之写下天下第一行书“兰亭序”，自此，它便名扬海内，成了后人回味魏

★ 兰亭鹅池

晋风流的好去处。

兰亭四周崇山峻岭，茂林修竹，浅溪淙淙，幽静雅致。园内布局以曲水流觞为中心，四周环绕着鹅池、鹅池亭、流觞亭、小兰亭、玉碑亭、墨华亭、王右军祠等。其中，鹅池用地规划优美而富于变化，四周绿意盎然，池内常见鹅只成群，悠游自在。鹅池亭为一三角亭，内有一石碑，上刻“鹅池”二字，“鹅”字铁划银钩，传为王羲之亲书；“池”字则是其子王献之补写。一碑二字，父子合璧，乡人传为美谈。

在流觞亭，也就是王羲之与友人吟咏作诗，完成《兰亭集序》的地方，有一条“之”字形的曲水，中间有一块木化石，上面刻着“曲水流觞”4个字。它显现了王羲之《兰亭集序》所描绘的景象“此地有崇山峻岭，茂林修竹，又有清流急湍，映带左右，引以为流觞曲水”。

王右军祠是兰亭的精华所在。它建于康熙年间，粉墙黛瓦，四面临水。祠内清池一方，传为书圣洗耳恭听笔之墨池，池中有墨华亭，亭旁连桥，祠旁环廊，整个建筑“山水廊桥亭”于一体，独具匠心。祠内陈列王羲之像，两侧回廊是历代名家临摹的《兰亭序》刻石。其内涵可以用两句诗来概述：“山水廊桥亭，天地日月星，唐宋元明清，正草篆隶行。”

★★★ 沈园：一场心碎的邂逅 ★★★

绍兴被人们誉为“名士之乡”，上面我们提到了书法家王羲之，那现在来说说诗人陆游，说说因陆游与唐婉而出名的沈园。

沈园，又名沈氏园，位于绍兴市区鲁迅中路，本是富商沈氏私家花园。《绍兴府志》：“在府城禹迹寺南会稽地，宋时池台极盛”。这“池台”指的就是沈园。沈园占地约5万平方米，园内亭台楼阁，小桥流水，绿树成荫，一片江南景色。它分为古迹区、东苑和南苑三大部分，古迹区内葫芦池与小山仍是宋代原物遗存，其余大多为在考古挖掘的基础上修复的。因陆游一生爱梅，故沈园古迹区内还栽植有大量的腊梅树。这些从河南等地移植来的成型腊梅、古桩梅花等名贵树木，植于溪边、篱下、屋前、山上。隆冬时节，腊梅竞相吐艳，满园春色浮动。而东苑位于古迹区东侧，又被称为情侣园，尽显江南造园特色。南苑在古迹区南首，主要由连理园和陆游纪念馆组成。

之所以会处处提到陆游，那是因为，他与唐婉曾在沈园有一场凄美的邂逅，让后来者嗟叹不已。相传南宋爱国诗人陆游初娶唐婉，伉俪情深，后被迫离异。绍兴二十一年（1151年），两人邂逅于沈园。陆游感慨怅然，题《钗头凤》词于壁间，极言“离索”之痛。唐婉见而和之，情意凄绝，不久抑郁而逝。陆游为此非常哀痛，后又多次赋诗咏沈园，有“伤心桥下春波绿，曾是惊鸿照影来”之名句。

★★★ 从百草园到三味书屋 ★★★

沈园由陆游而极负盛名，同样，百草园和三味书屋，也因鲁迅而被人们所熟知。

位于鲁迅故居后面的百草园，是浙江绍兴新台门周家的一个菜园子。它北临东咸欢河，东邻沈姓房屋，西接梁家后园，南宽北狭，占地近2000平方米，原来为新台门周家的智、仁两大房族所共有。

百草园里虽无明显界线，却有大园小园之分。小园在北，占地较小，向西北角突出，面积约为大园的四分之一，有门通向东咸欢河，河沿筑有河埠，积肥农船便可在此靠岸，运走周家草灰和粪肥。大园在南，占地较大，西边有一垛长达四十四米、高约一米的泥墙，作为与西邻梁家后园的分界线。在泥墙的南端，即与鲁迅家后门墙角接壤处，有块刻有“梁界”两字的界碑，这就是被鲁迅称作“有无限趣味”的“短短的泥墙”了。

这是鲁迅童年时代的乐园，他常来玩耍嬉戏。你一定记得《从百草园到三味书屋》吧！“紫红的桑葚，酸甜的覆盆子，光滑的石井栏，高大的皂荚树……”即使现在已难寻旧踪，但文中浓厚的生活情趣依然会带给你丰富的想像。

在这篇脍炙人口的文章中，鲁迅还提到了他12~17岁时求学的私塾——三味书屋。三味书屋位于都昌坊口11号，坐东朝西，北临小河，与周家老台门隔河相望，是三开间的小花厅。

三味书屋的一切至今都保存得十分完好，仍旧如鲁迅回忆时写的那样：“从一扇黑油的竹门进去，第三间是书房，中间挂着一块匾道：三味书屋；匾下面是一幅画，画着一只很肥大的梅花鹿伏在古树下。”而屋子里，则好像是中国旧式的客厅，共有11个学生的座位；鲁迅的座位排在北墙边，是一张带抽屉的长方形桌子，桌子后面放着一张略显低些的椅子。他的书桌右角，至今还刻有一个约一寸见方的“早”字，刀法简朴挺直，是鲁迅幼年手刻的一件极为珍贵的木刻文物。至于它的来历，据说是这样的：有一天，鲁迅上学迟到了，受到塾师的责备，他就用小刀刻下了这个方方正正的“早”字，来督促、提醒自己不要迟到。从此，他再也没有迟到过。

秭归

隔江便是屈原祠

秭归县地处湖北省西部，长江西陵峡畔，三峡工程坝上库首，是世界文化名人、伟大浪漫主义诗人屈原的故乡，是屈原祠最早的修建地。唐元和十五年（820年），屈原祠始建于屈原的诞生地——秭归县屈原镇乐平里。上世纪末，屈原祠因建设三峡工程等原因，经历过搬迁，现落于秭归县新县城茅坪镇的凤凰山上。迁徙后的屈原祠占地14000多平方米，与三峡大坝遥相呼应。它倚山面江，坐北朝南，被环绕在满园飘香的柑桔林和苍翠欲滴的翠柏之中。

整座屈原祠包括山门、屈原青铜像和屈子衣冠冢等部分，它们依山排列，古朴清幽，壮观肃穆。其中，山门不仅建筑风格独特，歇山重檐，三面牌楼，六柱五间，三级压顶；而且色彩也匠心独具，立柱呈土红色，墙面为白色，屋面因覆盖琉璃瓦呈绿色。山门两侧配房为硬山顶，滚龙背，面墙正中有一巨大圆弧浮雕，中饰“龙凤呈祥”图案，使整个山门在静谧高洁中，又显得气势宏伟、浩气荡荡。

而屈原青铜像则矗立在屈原祠中心的大坝上。它通高6.42米，像高3.92米，总重3000千克，是根据屈原“亦余心之所善兮，虽九死其犹未悔”、“长太息以掩涕兮，哀民生之多艰”、“欲横奔而失路兮，坚志而不忍”、“吾不能变心而从俗兮，固将愁苦而终穷”的思想与性格而设计铸造。铜像头微低，眉宇紧锁，体稍前倾，迈动右脚，提起左手，两袖生风，表现出了屈原爱国爱民的满腔激情和孤忠高洁的精神境界。

屈原衣冠冢也为屈原墓，随屈原祠迁徙而建，占地120平方米，墓四周石阶石栏环布，翠柏苍松掩映。墓上青狮白象，鱼吻翘昆，墓前拜台，香炉正中，供凭吊屈原燃烧香火之用。墓前三排六柱八字开扇。外石柱镌有“汨水怀沙千古遗恨，归山枕岫万世流芳”楹联。四根内柱的楹联是“崔嵬丰碑矗在地，凛然浩气贯长虹”，“千古忠贞千古仰，一生清醒一生忧”。上柱间嵌着一块《重修楚大大墓碑记》，将屈原生平及不朽精神镌刻其间。

龙舟故里，千帆竞渡

据史书记载，楚国大臣屈原是因为被小人陷害，被楚怀王赶出都城，而流放到洞庭湖一带。公元前278年，秦军攻破楚国京都。屈原眼看自己的祖国被侵略，心如刀割，但是始终不忍舍弃自己的祖国，于五月五日，在写下了绝笔作《怀沙》之后，抱石投汨罗江身死。楚国人得知贤臣屈原投江死去，便纷纷划船追赶着去拯救，他们争先恐后，追至洞庭湖也不见其踪迹。之后，每年的五月五日，人们便划龙舟以示纪念，希望借划龙舟来驱散江中的鱼，以免它们吃掉屈原的身体，后来这就演变成了端午节举行龙舟竞渡的风俗。

每逢端午节这一日，汨罗江畔都聚满人群，无论男女老少都前来观看龙舟比赛。是时，群“龙”下水，整装待命。一眼望去，江面上五彩龙船一字排开，船头上那些扎着英雄巾的桡子手们个个昂首挺胸，全神贯注。一声令响，江面鼓点骤起，船桨翻飞，一条条龙舟逆流竞发。每只船上锣鼓喧天，喊声阵阵，你追我赶，力争上游。河岸两侧人头攒动，万众欢腾。前来呐喊助威的观众，群情激昂，欢声震天。唐代诗人张建封有一首《竞渡歌》，将赛龙舟的热烈场面描写得淋漓尽致：“……两岸罗衣扑鼻香，银钗照日如霜刃。鼓声三下红旗开；两龙跃出浮水来。棹影斡波飞万剑，鼓声劈浪鸣千雷。鼓声渐急标将近，两龙望标且如瞬。坡上人呼霹雷惊，竿头彩挂虹霓晕。前船抢水已得标，后船失势空挥桡。……”古时妇女们平时是不出门的，这一日也争着来看龙船，头上的银钗在太阳的照耀下闪闪发光，龙舟在鼓声和红旗的指挥下飞驰而来，棹如飞剑，场景十分壮观。

【中山】

一座城与一个伟人

中山市旧称“香山”，因境内五桂山多奇花异卉而得名。这里人杰地灵，名人辈出，是我国伟大的革命先行者孙中山的故乡。1925年，为纪念刚刚去世的孙中山，香山易名为中山。

中山处处都能感受到与孙中山先生有关的印记，你看那位于中心城区南面的孙文（孙中山先生名文）纪念公园，就是颇为典型的一处。这座公园占地约26万平方米，主要由两个平缓的山坡改建而成，分为革命纪念区和综合游览区两个区域。从公园的正门穿过用花岗岩雕刻筑就的公园牌坊拾级而上，便可进入公园的革命纪念区。在这里，首先映入眼帘的是两旁青翠挺拔的龙柏以及6支高大的华表，整个环境显得庄严肃穆。沿着花岗岩台阶拾级而上，很快就能到达山顶的平台，此时，孙中山先生顶天立地的高大、威武的塑像便呈现在眼前。他带着忧国忧民的伟大情怀，站在那至高处，望向远方，望向未来。

顺着孙中山先生塑像的目光回首北望，高楼林立、充满现代化动感的中山城区便一览无遗。尤其是宽敞平直、车水马龙，有“兴中缀锦”之称的兴中道更令人不得不叹服伟人故里——名城中山的大气和亮丽。往东看，宽阔的城桂公路、博爱路，以及新城区的高楼大厦一一映入眼前。往南看，是中山人用慈善万人行活动筹得的善款兴建的博爱医院。站在孙中山先生雕像的脚下欣赏这座医院，人们不但可以观赏到其建筑风格的别致，而且，还可以领略到伟人故里的人民那爱国爱乡、与人为善、团结互助的精神。往西看，则是风景优美的公园综合游览区。

影视城：穿越回民国

除了孙文纪念公园，位于中山市翠亨村的中山影视城，也充满着中山先生的身影。

中山影视城占地面积20万平方米，分为中国景区、日本景区、美国景区等五

中山影视城内荟萃了中西方建筑艺术精华，漫步其中，恍如时光回转，旧日重见。

大部分，是沿着一代伟人孙中山先生的革命足迹，浓缩他在中国和世界各地从事革命活动的纪念地而建造起来的，集中反映了孙中山先生领导的中国民族、民主革命进程。

其中，中国景区是浓缩孙中山先生在中国从事革命活动纪念地而建造起来的。它设有辛亥革命历史图片展览馆、中山舰历史展览馆以及南京中山陵、黄埔军校、南京总统府办公室等二十多个景点，把孙中山先生在中国各地开展革命活动的主要地点和场景巧妙地串连起来。

日本景区由日本主街道、日本小巷和神社大殿等建筑构造而成。景区内的日本主街道是参照日本明治维新时期的建筑风格而设计建造的，街道长达八十多米，东洋风格浓郁，合理安置的商店、客栈等沿街建筑，营造出具有浓厚日本风情的街景。而日本孙中山故居、日本中华革命党党部等十多个景点，则集中反映了孙中山先生在日本艰难曲折的革命生涯。人们到此，犹如置身于日本本土和亲身感受到孙中山先生在日本从事革命的环境。

而美国景区则包括反映美国都市特色的纽约大街、美国西部乡镇特色的街道等部分。其中，美国西部街是采用早期木结构廊房式建筑风格设计而成，鹅卵石铺设的小广场立有一个古老的水塔，追求美国西部镇街的氛围。都市街道在反映美国的都市风光，将在美国居住的华人生活圈的景象特色展现在人们面前的同时，也反映了孙中山先生在美国生活的情景，反映了孙中山先生在广州起义失败后，流亡到美国，在美国当地华侨中宣传革命思想，筹集革命经费这一段历史。他的伟大革命思想就是由此向华侨广为传播，深入人心的。

可以说，走进中山影视城，你就能跟随着孙中山先生的脚步，穿越回民国，回到那激昂、峥嵘的岁月。

★★★ 一路“南洋风” ★★★

在随处渗透着孙中山先生气息的中山市，还有孙文西路极具历史文化欣赏价值。孙文西路古称迎恩街，在1925年孙中山先生逝世后，为纪念孙中山先生被改称为孙文西路。

孙文西路位于中山市城区石岐铁城西门外，西连津渡（石岐河），南绕烟墩山，东达仁山（即现在孙中山纪念堂），构成“山、水、城”的格局。这整个街区，从民国时期开始就接受西方的建筑风格，又融合了西方古典建筑造型，至今还幸存着精湛的木雕、灰塑等中西合璧的建筑物体。弯曲自然的马路两旁，其低层建筑的风格都是十九世纪末、二十世纪初欧式殖民地风格建筑与岭南骑楼建筑的混和，也就是建筑学上所谓的“南洋风格建筑”，是欧亚混杂的“南洋”文化的重要表现。这些“南洋骑楼”，它们外观统一，而且往往几座或十余座毗连一起，让人不尽兴叹“一路南洋风”。

而且，这些建筑从地面至女儿墙平均高度在16米左右，街道宽度为12米，与建筑的平均度成3∶4的空间比例关系，在正常视角内，形成了舒适宜人的外部空间尺度和步行街形象。这种外部空间与功能的有机结合，不仅记载下来了石岐城区的形成和各个发展阶段，更凝聚着中山市60多万海外侨胞的乡情。

【佛山】

★★★ 南派武林盛佛山 ★★★

我国自古有言："天下功夫出少林，南派武林盛佛山"，可见佛山在武林的地位非同一般，且佛山人练功夫的风气也甚为悠久。

有史料记载，明初时期，佛山武术已相当普及。但到了中国清末这个内忧外患、阶级矛盾日趋尖锐的年代，工人大量失业，黑社会欺压百姓，大量的工人与小商贩们为了身有所依，纷纷入武馆拜师习武，借用武学防身，遂使得佛山地区武馆空前繁荣。当时，佛山武馆林立，武术流派纷呈，涌现出了一批有国际影响的武术名家和武术组织。他们通过各种途径走向世界，现在世界上广泛流行的洪拳、咏春拳、蔡李佛拳等不少拳种和流派其根都在佛山，著名武术大师黄飞鸿，咏春宗师叶问，影视武打明星李小龙等祖籍及师承亦在佛山。

★★★ 洪拳宗师黄飞鸿 ★★★

来到佛山，怎么能不去佛山黄飞鸿纪念馆领略一下黄飞鸿的大师风范，体会一下传说中的武侠豪情呢？

黄飞鸿纪念馆坐落在佛山祖庙北侧，是一座占地一千多平方米的两层仿清代青砖镬耳的建筑。它的营造法式，采取了黄飞鸿在世时，即清代中叶至民国时期佛山民居、祠堂的建筑风格：磨砖对缝的清水墙，依典型佛山民居结砌；头门、耳房、天井、连廊、大厅的布局，保存了三间两廊的合院式建筑；梁架、柱础、砖雕，檐板、屏风，门窗、栏板等建筑构件，能征集旧料则尽量征集，以保留历史风韵。屋顶与脊饰彩画建筑装饰，运用了象征的手法：九狮图代表威严，九鱼图代表进取，九鹤图代表长寿，梅花象征高洁，缠枝象征延绵等，这就使典型环境与典型人物相得益彰。

整个纪念馆分为陈列馆、演武厅、影厅等部分。其中陈列展览的各部分内容浑成一体，除了展示真实的黄飞鸿以外，更多的篇幅是介绍了文艺作品中的"佛山黄飞鸿"。不仅收集了与黄飞鸿有关的各种文物近千件，包括1933年出版的第一部描写黄飞鸿小说《黄飞鸿别传》、1936年出版的《黄飞鸿工字伏虎拳谱》以及黄飞鸿开设宝芝林的宣传单等等；还有大量照片，三、四十年代的报纸以及与黄飞鸿有关的电影。这些优秀地描写黄飞鸿的小说和影视、舞台作品，均曾深入、具体地了解过黄飞鸿所处的时代特点，他所处的阶段地位和社会关系；还了解了影响、造就、决定黄飞鸿思想性格的，当时佛山的社会政治经济环境，这就使有血有肉的黄飞鸿深刻地打上了佛山的印记。

至于演武厅，其内每天都有一场武术表演进行，即为黄飞鸿的门人们将精湛的武艺呈现给世人。而飞鸿影院则不停地播放黄飞鸿的电影录像，拳脚声不绝于耳，让人仿佛又见黄飞鸿当年矫健的身影。

★★★ 叶问堂的咏春传奇 ★★★

随着叶问的影视剧热拍，叶问的生平事迹一时之间被无数观众所追寻，生活中的叶问到底是怎么样的？他如何从一介武生成长为一代宗师？这些问题都可以从佛山叶问纪念馆中找到答案。

叶问纪念馆占地800多平方米，是一座传统的三进式祠堂，两层高，为开放式建筑，采用灰雕、砖雕、木雕等传统工艺作内外装饰。馆内设有历代先贤堂、思源堂、名人堂、练拳场等多个场地。其内展出有咏春拳的历史沿革记录、拳术知识、历代名师介绍、相关照片等资料，木人桩、八斩刀等相关器械，以及叶问宗师使用过的物品等。

纪念馆的资料显示，“身居陋室，上午休息，下午阅读书籍、教授弟子习拳，晚上指导弟子至深夜，这是叶问基本的生活日程”。从纪念馆陈列的照片可以看到，叶问生活中均是素色棉布长衫裤、布鞋，练功时则穿白色汗衫，这是他常年不变的打扮。

桃李满天下的叶问，在弟子眼中又是怎样的师父呢？纪念馆通过事例和图片，告诉人们——叶问斯文、幽默，为人和气，从不摆架子。他不让弟子叫他师傅，而是喜欢弟子称他为“问叔”。而且他还喜欢为徒弟起外号，没有“武术教头”咄咄逼人的气势，师徒关系融洽和睦。无论是在佛山还是香港，茶楼上经常会见到“问叔”与弟子“一盅两件”饮茶闲谈的身影，甚至和弟子一起打麻雀、看斗狗、逛街……叶问性格随和，备受武林同道和弟子的敬重。年老时，大家都尊称他为“问公”。

另外，纪念馆内还有114张连续照片再现了叶问本尊打咏春拳的形象，快速浏览它们，能“动态”观赏叶问示范木人桩套路的全过程。这些图片每张的手法、步法、腿法都有细微的差别；而且叶问手与木人桩接触的部分都显得刚劲有力，步法相当灵活。他通过不同动作的亲身展示，再现了咏春拳的实战意识。

李小龙祖居

也许大家都知道一代宗师叶问还是巨星李小龙的师傅，而巧的是，李小龙也是佛山人，他的祖居就位于佛山市上村乡。李小龙祖居位于上村乡以李小龙的名字命名的“小龙巷”中部。整座祖居占地51.8平方米，分一房一厅一厨一天井，为珠江三角洲地区传统的砖木结构民居。该房是李小龙的祖父李震彪所建，他和李海泉等两代人曾经在这里居住过。房屋的质量和家具的陈设简陋而朴实。客饭厅的墙上悬挂着一幅千余字的李小龙生平简介和七八幅李小龙主演的电影的大幅剧照。

第九章
小镇枕水话江南

【周庄】

★★★ 十里茶酒香 ★★★

雇一条乌篷船，于周庄的河面上或坐或卧，耳听潺潺流水和“嘎吱嘎吱”的蹭桨声，眼观两岸的山水、田园风光，别有一番韵味。如果再来一杯阿婆茶，那就更完美了。

喝阿婆茶是周庄所特有的一种民间习俗。长日无事，阿婆们便聚在一起喝茶闲谈。话题无非是柴米油盐，家长里短。如有婆媳失和，邻里争执之类的矛盾，阿婆们也会在喝茶时评断是非的。后来，这一习俗在周庄流传开来，最终成为当地一大特色。如今在周庄，经常可见男女老少围坐一席，杯杯清茶，碟碟茶点，悠然自在，边吃边谈，有说有笑，其乐无穷。

清澈流长之水，哺育出独特的水乡茶文化。同样，也孕育着水乡人醇浓的酒风。据相关文献记载，元末明初时，这里酒业就已兴旺。在明清时期，周庄的酿酒业更是进入鼎盛时代，传承民间古老的米酒酿造工艺，精选上等原材料，精心酿造美酒。据统计，周庄曾有十几家酿酒作坊，年产上万甏米黄酒，所酿白酒“十月白”最负盛名。《贞丰拟乘》记载：“有生酒，名十月白。味清冽，可以久藏。”

周庄产酒，自然也形成了善饮酒的风气。旧时，镇上酒店有上百家之多，可谓酒旗林立，醇香满街。醇香的酒溶人了纯朴的乡情。男人们以酒相聚，或漫拉家常，或交流生产经营行情，或发泄内心的郁闷，喜怒哀乐，恣意放纵。

如此酒风，至今尚可拾遗。游客骚人，三五知己，坐在古镇一隅的临河酒店，点几碟乡土菜肴，品一杯周庄万三白酒，几分惬意，几分醉情，茫茫乎恍入神仙美境。

★★★ 说不完的沈万三 ★★★

说起这万三白酒，就不得不提沈万三了。千百年来，人们对沈万三的传奇经历总是津津乐道，关于他的各种事迹也都广为流传。他留下的这些无数传奇般的故事，使得他居住过的周庄也名声大震。

周庄既是沈万三的立业之地，也是他的长眠之所。沈万三就在周庄一条逶迤清冽的小浜——银子浜的水底，修了一座无人能见其真容的墓地。古墓固然坚固，数百年来都不曾损坏，可是也难掩它的孤寂，陪伴在一旁的，只有银子浜粼粼的波光。那上下起伏的水面酷似无数碎银在闪烁，像是在轻轻诉说着自己所淹没的传奇。

周庄的“阿婆茶”是江南水乡一种独特的茶道。

不过，这种传奇却在沈厅那得到了延续。沈厅最早是由沈万三的后裔沈本仁于清乾隆七年（1742年）建成，原名敬业堂，清末改为松茂堂。当年，沈本仁依仗家族的积蓄，结交狐朋狗友，整日无所事事游手好闲，直到他父亲去世以后他才幡然醒悟，开始广置良田振兴家业，不仅保住了家底，还建成了今天我们看到的沈厅。

沈厅共由前中后三部分组成。前部是水墙门和河埠，专门供家人停靠船只、洗涤衣物之用；中部是墙门楼、茶厅、正厅，是接送宾客，办理婚丧大事和议事的地方；后部是大堂楼、小堂楼和后厅屋，为生活起居之处。整个厅堂是典型的“前厅后堂”建筑格局。前后楼屋之间均由过街楼和过道阁连接，形成一个环通的走马楼，为同类建筑物所罕见。

百年曲风绕梁

轻轻烟波凝，蔼蔼雾色深。周庄不仅因为它的穿竹石栏、临河水阁与小桥流水人家而著称于世，它的魅力还在于其文化蕴涵。在周庄，有一种当地特有的民间曲艺，被称作“宣卷”，已有两百年的历史。宣卷究其根底，

其实就是“宣讲宝卷”的意思，是为了给人讲解佛经。如今，它早已超脱了当初的意义，成了一种独特的艺术形式。

表演宣卷的人数较多，表演过程较复杂。一般是由六个人组成的宣卷班子，他们表演时使用多种乐器，包括二胡三弦、笛子、木鱼、铜磬等；唱腔以昆曲、民间小曲《四季调》为主，其中又掺杂了申曲、锡剧等地方戏调。丝弦宣卷经常表演的剧目有《梁山伯与祝英台》、《秦香莲》、《顾鼎臣》、《白罗山》等，表演之时，舞台上主角长衫广袖，手执折扇、惊堂，神采飞扬，又说又唱，好不热闹。

乌镇

乌镇说“乌”

乌镇，古名乌墩、乌戍。乌墩之“墩”，王雨舟在《二溪编》中说“乌镇古为乌墩，以其地脉坟起高于四旷也……”，解释得已够明白。但它这“乌”，却让人不由心生疑惑，难道这里是用乌黑的墨汁染就而成的？乌镇当然不是用墨汁染出来的，关于它何以称“乌”，有很多种说法。一说是有位越国的王子被分封到了这里后被称为乌余氏，这里也就被称为“乌墩”了；另一种说法认为乌镇在唐朝时出了个平定叛乱有功的乌将军，将军战死后被奉为乌镇保护神，因而有了乌镇之称。

不过也有人认为，乌镇的名字确实跟它的颜色有关。清康熙二十七年（1688年），有人在《乌青文献》中提出了这样一种说法：“乌墩、青墩之名，其从来远矣……大都江山自开辟以来，何有其名字？皆世谛流布相承耳，如‘齐鲁青未了’，‘澄江静如练’，是为山水传神写照语也。乌青之义盖类此。”这种说法认为乌镇的命名是根据当地山水的颜色而定。另外还有人经过考据认为，乌镇是河流冲积平原，淤积层较厚，土壤肥沃而且颜色较深，因而土壤发乌；而在距乌镇九千米处有一村叫红墩，镇志上说因为村西有红色土墩，所以村子就叫红墩；还有一个叫紫墩的村子，也是因为紫色石土比较多。所以依次推断，乌镇最初成“乌墩”，更多是因为它周围土壤的颜色。

水阁人家的衣食住行

不管乌镇为何称乌，总之，它是一个典型的江南水乡小镇——乌镇居民均依水而居，街道、民居皆沿溪、河而造，正所谓“人家尽枕河”。可与众不同的是，乌镇沿河的民居有一部分延伸至河面，下面用木桩或石柱打在河床中，上架横梁，搁上木板，人称“水阁”，这是乌镇所特有的风貌。水阁是真正的“枕河”，三面有窗，不论看向哪个方向，窗外都是一片泽国。

水阁不仅风景优美，而且也非常实用。过去当地人的交通工具都是以船为

因为水阁，乌镇的风貌多了一份韵味；因为水阁，乌镇的气质多了一份悠雅；也因为水阁，乌镇的历史多了一份委婉。

主，水阁就是他们的停船库；掀开水阁中的活动盖板，即可汲水洗涤。不过最主要的是镇上人大部分都是做生意的，这个房子左右都是邻居，前面是老街，要扩大营业面积只能从临河的空间想办法，在河面上搭建一个小阁楼，一来可以扩大房子的面积，二来也方便做生意。这就造就了非常奇特的一幕：别的地方，比如中原一带，买卖通常在集市上，在一处交通要道沿街摆开各种物品；可是乌镇却不然，它没有宽阔到可以摆下众多物品的街道，不过水道倒是更为宽敞，于是各处来的船只就沿着河道摆开了集市。他们划着小舟，有买有卖，好不热闹。

每天四邻八乡的居民驾着小船载上自家制作的各种物件，或是丝锦，或是花布，也有瓜果蔬菜等等，凡是可以拿到市场上的都被载到了乌镇的水上市场。这使得住在水阁里的人家得到了最大的便宜，这集市就摆在了他们家的窗口下。一招手一吆喝，就可拦下一只正在缓行的小船，买些新鲜蔬菜，添些米面，或者卖掉自己家里织出的丝锦。总之，买也好卖也罢，只需要打开后窗就全齐了。

★★★ 东栅风情西栅景 ★★★

在乌镇，十字形的内河水系把整个小镇划分为东西南北四个区域，当地人分别称为“东栅、西栅、南栅、北栅”。这其中东栅和西栅是水阁最为集中的地方，也是最为出彩的两个部分。

来到东栅，你就能感到那原汁原味的水乡风貌和深厚的文化底蕴。沿着东栅老街一路向前，看着沿街两则立着的一排排传统江南民居，仿佛一刹那穿越了百年时光，回到了诗词中的江南小镇。走在这老街上，不经意间就会发现这民居老屋里，居然藏了不少充满了江南气息的博物馆。这其中最是风情万种的，是那江南百床馆。江南百床馆里各式传统江南地区的木床数十张，时间跨明清两代，有拔步千工床、小姐床、双龙足雕花架子床、马蹄大笔管式架子床、双喜、如意、带镜红木雕花床、嵌骨架子床等。这些床雕工精美、风格独特、装饰华丽、豪华气派，无一不是江南古床中的精品。

所谓东栅看尽江南风情，西栅歇在风景里。整个西栅都被密密麻麻的水网给缠绕着，纵横交叉的河道把西栅分成了众多的小岛，岛和岛之间则有大大小小形式各异的桥梁连接起来。据说西栅有小岛12座，有小桥70多座，这种河流密度和石桥数量均为全国古镇之最。而且最为奇特的是，西栅的通济桥和仁济桥两桥成直角相邻，不管站在哪一座桥边，都可以看到一个桥洞里的另一座桥，故又有“桥里桥”之称。“桥里桥”是乌镇最美的古桥风景，堪称桥景一绝。

尽管西栅到处都是一片古朴，可是古朴之下却尽是现代元素。走近一座清代老屋，若不是门前的指示牌，你无论如何也不会相信这里居然是一家现代化的酒店，凡是你需要的现代设施这里无一不有。在这样一间临水的酒店住下，你可以先舒舒服服的洗去一身疲惫，然后踱至屋后的水阁，打开水阁的窗子，看那潺潺流水从脚下缓缓而过，起伏的水波晃动着远处传来的光影……

★★★ 话说蚕花丝绵 ★★★

如果你是春天来到了乌镇，也许于那明暗光影间，你还能隐约听到：“青龙到，蚕花好，去年来了到今朝，看看黄蟒龙蛇到，蚕花廿四分稳牢牢。”这是“赞蚕花”，每年春季养蚕前夕，常有一些民间艺人背着竹篓，篓里放着一条无毒黄蟒蛇，来到蚕农家门口，然后一边唱一边将黄蟒蛇捉出来放到蚕农家堂屋里，任其游走，唱毕再捉回篓中。之后，蚕农会以丝绵或米相谢。

从这个习俗中，我们可以看出，养蚕在乌镇有着怎样重要的地位，另一方面，也可以推断出乌镇是蚕桑之乡、丝绸之府的中心地带。乌镇所出产的丝绵质地坚柔，无块、无筋、无杂质，色泽洁白，匀薄如纸，当地人称之为“大环绵”

或“手绵”。这种丝绵的制作方法均为传统的手工操作，一般选用蛾口茧和同功茧。蛾口茧是制蚕种用过的蚕茧，同功茧即由两个蚕宝宝共同做成的蚕茧。制作时，首先将蚕茧煮熟后浸于清水中，然后取出茧中的蚕蛹，把茧壳剥开扩松，绷套在拳头上。等绷到五六层后，扩成袋形，套在一只特制的半圆形的竹弓上，洗干净后取下，用线串挂起来晾晒，干后就成了一只只洁白如玉、犹如弓形的绵兜了。

至绵兜这一步，要搁在以前，就已经是成品了。不过人们将绵兜买回家，制作棉衣、棉被时还得费一番工夫。须先将绵兜拉成绵片，然后由两人面对面各拉住绵片的一端，巧妙地用劲将之扯成一层层丝绵。这就是俗称的“扯绵兜”，一般人不会扯，用蛮力不行，贪图快也不能，得用巧劲，慢慢地扯，一边扯一边调整劲力的大小。只有高手才能扯出那“匀薄如纸”、“莹洁如玉”的丝绵来。

【角直】

一个难识的地名

角直古称甪里。据《吴郡甪里志》载，2500多年前吴王阖闾在本境南隅建离宫；其儿吴王夫差在本境北隅建梧桐园。之后的一小段时间，离宫与梧桐园之间便冒出了一片一里见方的小村落，也就是“甪里”。那么“甪里”何时，又为何改称为“角直”呢？这至今仍然是个迷。可它却为当今，留下了许多非常有意思的人文故事。

其中一说是“甪里”四周环水，从空中俯瞰，联袂的六条河流从“角直”镇域中纵横，从形状上看，酷似汉字中的“用”，再加上镇域西北方向的干流——东北流向的吴淞江，“角”直便成了这一古镇的专属名词。所以翻开《新华字典》，“角”没有字头意义，仅把“角直”解释成：地名，在江苏省苏州市。

也有人说，角直的由来要归属于“角端”。角端是当地民间传说中的独角神兽。它形如狻猊，专蹲风水宝地，所到之处人杰地灵。相传，很久前的一天，角端翱翔天空巡行到六直镇郊的上空，见江湖清澈，水波浩渺，绿色成片，土地富饶，百姓安居乐业，便盘旋而下栖居六直。当地人起先惧视角端，久居后，发现与它相处好事连连，所以为它提供食物等生存条件。角端见当地百姓纯朴、善良，就更加安心住下。自从角端来后，六直一带风调雨顺，人才辈出。百姓便把角端当作心中的图腾，所以就把“六直”改称为“角直”，以此永世纪念它。

有桥七十二座半

角直历来享有江南“桥都”的美称，据说最盛时，角直有桥72座半，其桥梁的密度，甚至超过了著名的水城威尼斯。

只是，“七十二座半”桥的“半桥”又是什么？只有半座桥吗？半座桥怎么能算桥呢？这说起来，还颇有意蕴。众所周知，九是个顶数，九个九组成的八十一是极顶，当你漫步在北京故宫等皇家庭院中，就会随处看到这至高无上的顶数。而比极顶少一截的“七十二”，是我国民间的极限数，泛指数多量大。孔子有七十二贤人，是说孔圣人桃李满天下；孙悟空有七十二变，是说老孙千变万化……这样说来，只说角直有古桥七十二座就已经够了，足以表达其境内古桥的数量之多，密度之大，在“七十二”之后再加“半座”，是不是有点画蛇添足呢？不是的。正是因为加了这半座，使得“七十二座半”超越了民间一般意义上的数量之多，凸显出了角直古镇的桥梁远比其他水乡集镇多的事实。

不过也有人认为这“半桥”是这样算的：角直自古以来就是两县交界之地，镇区大部分属吴县，称为角直；东边一部分属昆山，叫做南港。由于一镇二治，连结两县的“交会桥”，角直就只能享有“半”座……

★★★ 国宝——保圣寺罗汉 ★★★

如果说角直那许许多多的桥让它成了一座古代桥梁的博物馆，那么角直保圣寺内的罗汉，就使保圣寺成了一座古代雕塑的博物馆。

保圣寺原名保圣教寺，创建于梁天监二年（503年）。当时的梁武帝萧衍笃信佛教，一做皇帝就大兴寺庙，保圣教寺即是“南朝四百八十寺”之一。据《吴郡甫里志》记载，在原保圣寺的大雄宝殿内，供奉有释迦牟尼佛像，旁列罗汉

★ 十八罗汉塑像

十八尊，为圣手杨惠之所摹。杨惠之（713~741年），吴县人氏，唐开元年间，他与吴道子一起学苏州画家张僧繇的笔法，后专功泥塑，当时有“道子画，惠之塑，夺得僧繇神笔路”的美谈。杨惠之在南北各地寺院制作过许多塑像，但由于泥塑作品不像石刻铜雕那样经久，因此其真迹很难保存下来。不过1918年夏天，史学家顾颉刚应叶圣陶等人的邀请来游保圣寺，终于在大雄宝殿里见到了这出自唐代圣手的作品。顾颉刚不禁为之惊愕倾倒，兴奋之情难于言表，但当时大雄宝殿由于年久失修，岌岌可危，十八尊罗汉塑像也随时有被毁的危险，于是顾颉刚就在报刊上将这堂久不为人注意的罗汉公布于众，呼吁抢救，当时的政府未能立即采取措施。

1928年，大殿半边坠塌，半数罗汉被毁，造成了不可挽回的损失，之后经蔡元培、叶恭绰、马叙伦等倡仪，1930年在大殿原址建成了“保圣寺古物馆”，修复了幸存的罗汉及塑壁。这塑壁犹如一幅气势恢宏的立体画卷，奇峰突兀，洞窟错列，祥云舒卷，海浪翻滚。其上错落有致地布列着9尊栩栩如生的罗汉像，它们或闭目颔首，或怒目圆睁，或凝神谛听，或张口欲语，或笑容可掬，或似笑非笑，有呼之欲出的艺术魅力。

★★★ 叶圣陶与万盛米行 ★★★

甪直保圣寺塑壁罗汉的发现与顾颉刚分不开，同样，甪直万盛米行的声名远扬也与一位大文豪——叶圣陶有着很深的渊源。

叶圣陶曾于1917~1921年在吴县县立第五高等小学任教，就此，他与甪直结下了不解之缘。他把甪直比作培育自己成长的摇篮，亲切地称之为“第二故乡”。也的确是这样，深入底层、贴近农民、冷眼看社会，叶圣陶在甪直的文学创作获得了大丰收。他先后发表白话小说、散文诗篇近百篇，创作了中国第一部童话集《稻草人》、中国现代文学史上第一部长篇小说《倪焕之》以及著名的短篇小说《多收了三五斗》等作品，这些文章中不少的素材和人物形象也都来源于古镇甪直。

其中小说名篇《多收了三五斗》的开头这样写道：“万盛米行的河埠头，横七竖八地停泊着乡村里出来的敞口船，船里装载的是新米，把船身压得很低……”这段精彩的描写为我们呈现了位于甪直南市稍的万盛米行的真实景象，随着这篇小说的发表，万盛米行也随之闻名海内外。

同里

亩庶富土

从地图上看，同里是一个四周环湖的水乡小镇，因为水，它的轻灵多了一些，摇橹水上，岸芷汀兰，杨柳依依，江南高髻明额的少女，都如在画中。

不过，同里原有一个直白且乡土气息甚浓并有些夸耀意味的名字——富土。这是因为北宋以后，财富继续南移，江南鱼米水乡，成了富庶之地的代名词，而同里更是其中的佼佼者。同里河港众多，有取之不尽的各种各样的水产品。它不仅盛产鱼、虾，有较为珍贵的太湖银鱼、白鱼、鳜鱼、鳗鱼、鳝、鳖、鲈鳢等，还有青鱼、草鱼、鳙鱼、鲢鱼、鳊鱼、鲤鱼、鲫鱼等；而且除鱼虾、蚌类等水产品外，同里水生植物品类齐全，主要有茭白、芹菜、莼菜、芡实、菱、藕、荸荠、芋艿、慈菇等，有的可上餐桌，有的为时令补品，有的是应时果品，其中芡实（俗称鸡头肉）还被称为“水中人参”。另外，同里算是苏州的边缘，在上有天堂，下有苏杭，以航运为主要运输方式的年代，靠近国家主要运输通道的同里，也诞生了很多富商和豪门贵族。

由于当时的同里富足非常，所以人们把这块土地叫做富土。但是后来朝廷要这里多交公粮，这里的人们不愿多交，便有能人想出了改名的办法。于是，当秋后来收缴公粮时，他们就没有多交，并在遭到质问：“既然是富土，为什么不多交？”时解释说，这里不叫富土，而叫同里，是人们讹传了。原来，汉字过去是竖排的，将“富”字的一点抹去，将下面的“田”和“土”相连，这上面的“富”字就成为了一个“同”字，而下面则连成一个“里”字。从此，“富土”这个地名就变为“同里”了。

茶社见闻

作为江南富土，水自然是同里的命脉，同里也因水而超凡脱俗。而且，因为有水，同里人喝茶的习惯也比其他地方浓。抗战前，同里有茶楼

20余家，为取水方便它们一般都沿河而建。如今同里茶楼仍有数家，其中较有名气的应该算是南园茶楼。

南园茶楼始建于清末，坐落于同里史上前八景之一的“南市晓烟”景致之中，堪称“江南第一茶楼”。它全部是传统的砖木结构，门面是清代风格的木雕装饰，上下两层，总面积约400多平方米。其中楼下辅面店堂设有帐房和泡水用的“老虎灶”；楼上还有一个“曲苑班”，茶客可聆听几段江南丝竹、宣卷、评弹、戏曲、小调等曲子。而且别有一番风味的是，店子里的服务员清一色明清服饰，虽说没有动人之容，但那款款笑容和着那鸟笼里八哥鸟清脆的鸣叫，倒也为店堂平添了几许情趣，几缕温馨。

每天清晨，南园茶楼的生意就会特别好，可以说是门庭若市：楼上楼下人声喧闹，热气腾腾，茶客们聚在这里喝茶，聊天，吃点心，打听行市。老人持壶相坐，有的还口衔一柄烟筒。另外，这里还可为渔民解决歇脚、漱洗、用餐等诸多问题，有诗曰：“休愁到此食无鱼，十里周围大小湖；茶座街头闲结网，渔舟浅载笑相呼”。

★★★ 千年书墨香 ★★★

同里的茶楼是用经矾沉淀后的河水沏茶的。那里有句俗话说：“河水沏茶，茶香满楼。”也许，正是这河水沏出的清茶，成就了同里的书香墨韵。这里的名人雅士之多，非其他地方可以比拟。

初建于明正德元年（1506年），位于同里镇东的小东溪桥又名读书桥，桥上那副“一泓月色含规影，两岸书声接榜歌”的桥联，就生动地记录了当时同里人勤学苦读之风，证实了同里自古以来文化发达，“科名”很盛的事实。确实如此，同里可谓是“儒士大夫彬彬辈出”，“高人达者，居不悉载”——自南宋淳祐四年（1247年）至清末，同里先后出状元一人，进士四十二人，文武举人九十三人；文学家、书画艺术家和学者等更是辈出，其中著名人物有宋代诗人叶茵、明代画家王宠、编修《永乐大典》的副总裁梁时、清朝军机大臣桂芬、书画家陆廉夫、辛亥革命著名人物陈去病、著名教育家金松岑、文字家范烟桥、中国民主促进会主席王绍鏊、著名经济学家金国宝等。而且同里还是明代著名造园设计家计成的故乡。

★★★ 退思园的风花雪月 ★★★

只是岁月如梭，而今的同里并没有多少这些名人留下的足迹可供我们凭吊。但是，这座古镇还是有一处著名的世界文化遗产——退思园。退思园是清光绪安徽凤颖六泗兵备道兼淮北牙厘局及凤阳钞关之职的任兰生被弹劾后，落职归里于光绪十一年至十三年所建的宅园，园名“退思”，意取《左传》“进思尽忠，退思补过”之意。

退思园全园占地约为6万平方米，总体结构采取左宅、中庭、右园的布局格式。其中住宅分内外两部分，外宅三进——轿厅（门厅）、茶厅、正厅，沿轴线布置，等级分明，主要用于会客、婚嫁盛事、祭祖典礼；内宅建有南北两幢五楼五底的跑马楼，名曰“畹香楼”，楼间由东西双重廊贯通，廊下设梯，既遮风雨，又主仆分开。

而中庭为住宅的结尾，也是住宅向花园的过渡。庭院以“坐春望月楼”为主体，楼的东部延伸至花园部分，设一不规则的五角形楼阁，名为“揽胜阁”。楼前置一旱船，船头向东，直向“云烟锁钥”月洞门，宛如待航之舟，将人们引向东部花园。庭前植香樟、玉兰，苍劲古朴。这座小院所用笔墨不多，却引人入胜，衔接自然，为花园起到绝好的铺垫作用。

由中庭来到右园，我们可以看见退思园的花园以水为中心，建筑、假山沿水边布置，而且多贴水而筑，突出了水面的汪洋之势，故其又有“贴水园”的美称。花园的主景建筑是“退思草堂”，它朴素淡雅，不求华丽，无论是门窗装饰，还是家具陈设，处处都体现了这一品格，这在园林建筑中是非常少见的。与草堂相连的是环水池而筑的“九曲回廊”，此廊蜿蜒曲折，高低起伏，而墙上的漏花窗刻“清风明月不须一钱买”诗句，借以寄托对大自然的感激之情，这种将诗句制作于漏花窗上的做法，在苏州园林中也仅此一例。在退思草堂的对面，还有“闹红一舸”。“闹红一舸”为一船舫形建筑，船头采用悬山形式，屋顶榜口稍低；船身由湖石托起，外舱地坪紧贴水西。水穿石隙，潺流不绝，仿佛航行于江海之中；船头红鱼游动，点明“闹红”之趣。这种寄情于水、寄情于船的象征，体现出了退思园甚至是同里的水乡文化。

退思园的每一处建筑既可独立成景，又能互为对景，彼此呼应。它虽小，却又齐全，不失为园林建筑史上的杰作，真是“莫道园林小，佳景知多少”。

【西塘】

★★★ 吴根越角又一镇 ★★★

位于嘉善县城北10千米的西塘古镇地势平坦，河流密布，自然环境十分幽静。它有9条河道在镇区交汇，把镇区分划成8个板块，而众多的桥梁又把水乡连成一体，所以古称西塘“九龙捧珠”、“八面来风”。而且在今天喧嚣繁杂、快节奏的现代社会里，西塘也难得保留下来了这份古朴幽静的历史氛围，因此，它又被称为“生活着的千年古镇”。

从这里所谓的“千年”，我们可以看出西塘的历史非常悠久。早在春秋战国时期，这里就是吴越两国有争议和经常摩擦的边界，“吴根越角”之称即由此而来。相传，那时吴国名将伍子胥曾在此兴水利，通盐运，开凿伍子塘，引胥山（现嘉善县西南6千米）以北之水直抵境内，后人为了纪念他，便将此命名为胥塘。而嘉善人胥西同音，至明代便喊作西塘，一直沿用至今。

这种古老的历史渊源加上与吴江一衣带水的地理位置，使西塘成了吴越文化的纽带。漫步西塘的里弄河港，越乡风情浓郁的乌篷船在河中游荡，绍兴花雕在酒肆茶楼中飘香，悠扬动听的越剧在老人们的口头哼唱。与此同时，苏州园林式的小巧玲珑的庭院在大户人家随处可见，吴地风格的的砖雕瓦当、花木盆景与一座座古宅老屋相得益彰。古往今来，西塘的吴越风韵曾醉倒过无数骚人墨客，连徐霞客晚年路过西塘，也在他的游记中留下了不朽的篇章。

★★★ 弄堂、廊棚，都是文化 ★★★

西塘素以弄多而闻名。这是因为它坐落在水网之中，所以这里的居民惜土如金，无论是商号还是民居、馆舍，在建造时对面积都寸寸计较，房屋之间的空距压缩到最小范围，由此形成了120多条长长的、深而窄的弄堂。

在这120多条长短不一的弄堂中，位于西塘镇下西街，“种福堂”西首的石皮弄最有特色。它建于明末清初，是夹在两幢住宅之间的露天弄堂，因其路面的石板薄如皮而得名。这条弄堂的特色不仅在于此，它还是西塘所有弄堂中最窄的，宽仅1米，弄口最窄处仅0.8米。而石皮弄左右两壁梯级状山墙则有6~10米高，至今完整地保留着它古老而又独特的风姿。去过西塘的人都会喜欢这样的青石路，清晨亦或是夕阳下，长裙拖地，走过这长长的弄堂，摇曳的身影，踏着青石板发出清脆的跫音回响之际，仿佛回到了那庭院深深锁春秋的年代。

然而西塘不止有那弄堂令你流连忘返，它临河而建的沿街廊棚也一定会吸引住你的目光。原来，这里的街道临河而建，商铺的生意就在河边做成；往昔，水乡农家的出行以河为道，以舟代步，许多交易只能在船上岸边进行，为此，一种连接河道与店铺又可遮阳避雨的特殊建筑——廊棚便应运而生，并代代传承，相沿成习。西塘至今保存着1300多米长的廊棚，它们以砖木结构为主，一色的墨瓦盖顶，沿河而建，连为一体，俗称“一落水”。既可遮阳避雨，又可驻足观景，沿途还有小商小贩售卖各种别致的物品，漫步其中，一种思古之情油然而生。

★★★ “西园”与“南社” ★★★

如果你走在西塘的街巷里，随便问一个西塘人“西园在哪里？”当地人一定会反问：“是哪个西园？”一句简单的回话让人惊诧不已，小小的西塘难道会有几个西园？殊不知，在近几百年间，西塘镇上前前后后竟有三个西园。而这三个西园，都与南社有着千丝万缕的联系。

最早的西园始建于明代，其旧址在西街中段的计家弄内，简简单单，没有任何华丽之处。然而，就是这么一个无甚特别之处的小园，在几百年后，却因为一个人、一件事的影响而名噪一时。那个人就是柳亚子，而那件事则是南社八人的西园雅集。柳亚子正是南社的发起人之一。因缘际会之下，他与陈巢南、余十眉等八位西塘的南社社友会宴西园，即席联吟，并摄影留念，这张合影被称为《西园雅集第二图》。既然是“第二图”，那么自然就有“第一图”。只是它并不是照片，而是一幅名画，是北宋时期画家李公麟所作，称作《西园雅集图》。这幅画描绘的也是当时一次文人雅士集会的情景，但是相比之下，南社社友的豪情壮志、慷慨激昂却是更胜一筹。如柳亚子为此次雅集所赋的诗曰：“荒唐乱世英雄语，侧苍空山薜荔歌。横槊曹瞒休更问，负他铁马与金戈。”

此次雅集之后，柳亚子回到了故乡吴江。但是因为西塘正地处浙江嘉善与江苏吴江的交界处，所以柳亚子在西塘的活动亦非常频繁。在西园，他曾多次与南社社友叶楚伧、陈陶遗、陈望道等人相见，也曾与一位张骥婺女士谋面。张女

游西塘，西园是必去的。西园之中有亭台楼阁、假山鱼池，确是镇上风景幽美之处。

士是秋瑾的推崇者，在上海办女学，而柳亚子对女性参加革命亦充满着敬意，两人在园中进行了长时间的交谈。从此，西园渐渐成了南社成员经常活动的地方。1925年，西塘的一班诗友组织了胥社，成为南社在西塘的延伸组织，其第一次雅集也是借西园为吟赏之所。

可以说，小小的西园见证了南社在西塘的发展历程，而南社也因西园给古镇西塘留下了不可磨灭的一笔。但可惜的是，随着历史的变迁，西园逐渐被荒废。幸而后来为了纪念南社和柳亚子的革命活动，当地政府在西塘镇西善西公路西侧开辟了一座名为大“西园”的公园；并且之后也重修了位于西园旧址不远处的西街苏家弄内的小“西园”。

★★★ 田歌悠悠 ★★★

所谓“百里不同风，百里不同俗。”每个地方都会有自己独特的习俗。西塘，这个生活着的千年古镇最独特的风俗，便是它那悠悠的田歌。

田歌又称吴地歌曲、子夜歌，是民间流传下来的农村民歌。它至今仍传唱于江浙沪毗邻地区，是太湖流域水乡农村生活的历史写照。其旋律特征：一是自由，因为西塘地处水乡平原，河网交错，船行水上，对酒当歌，抒以情怀；二是清亮，优美而不失挺拔，歌词内容多反映民间故事、农事活动，如落秧、放鸭、送粮等。

其中，著名的叙事田歌十二月花名体的《五姑娘》就是取材自一段发生在西塘地区的真实故事。故事讲述了清末民初西塘一位富家小姐与青年农民徐阿天之间的爱情悲剧。后来在1955年初，以沈少泉等7人组成的一个田歌班曾演唱《五姑娘》参加浙江省第一届民间音乐舞蹈会演，并获得了演出奖。而且由它改编的原创音乐剧《五姑娘》在第七届中国艺术节上还荣获“文华奖”。

随着《五姑娘》声名远扬，如今在西塘那秀美却略显单调的水乡风光中，充满着乡土气息的田歌也逐渐参与了进来，成了一道流动的风景线。

【南浔】

四象八牛，富甲江南

江南水乡小镇几乎都有着“鱼米之乡”、“丝绸之府”的称誉，但南浔与其他地方的不同之处在于，它还是一个繁华的商贸之所，是江南的一个商业重镇。

南浔地处太湖南岸，气候温和，湖河港汊纵横密布，水质清洁，土质丰腴，适宜蚕桑。据说南宋时，南浔已是“耕桑之富，甲于浙右”。进入明代，天下蚕桑之利，已“莫盛于湖”，而一郡之中，“尤以南浔为甲”。在明代已初露头角的南浔辑里丝，到了清代因质优而“名甲天下”。辑里湖丝已成为浙江优质丝的代名词，粤缎粤纱、山西潞绸及江苏、福建等省的丝织原料、特别是商甄匣料都须仰给湖丝，官营的内织造局更依赖上贡的湖丝，江宁、苏州、杭州三织造局在每年丝季都前往南浔大量采办生丝。因为蚕桑之利，清乾、嘉年间，南浔已经成为“江浙之雄镇”。

后来清道光二十二年（1842年）鸦片战争失败，上海辟为通商口岸，南浔又因为它水陆交通便捷，是“江浙之孔道”而成了湖丝贸易的重要集散中心。辑里丝也以质优量多而畅销海内外，南浔经济由此空前繁荣。到清同治、光绪年间，南浔因经营蚕丝贸易而成为富豪者达数百十家。时人以三种动物形体的大小来标明他们财产的多少，逐渐形成了“四象八牛七十二金黄狗”的谚语。但是他们的财富究竟各有多少，民间说法不一，人们一般认为“象”指拥有财产百万两以上的豪富，而五十万至百万两者称为“牛”，三十万至五十万两者则称为“狗”。

小莲庄碧荷千亩

时至今日，曾经活跃的“四象八牛七十二金黄狗”，已如过眼云烟，随风而逝；但他们在南浔居住、生活的场所，却历经时代的变迁和人事的兴废而或多或少地留存了下来。位于南浔镇西南万古桥西的“小莲庄”，就是“四象”之首刘镛的私家花园。

小莲庄是因刘镛慕元末湖州籍大画家赵孟颖所建莲花庄之名而自名的。它始建于清光绪十一年（1885年），后经刘家祖孙三代四十余年的经营，由刘镛的长孙刘承干于1924年落成。这整座园林占地1.8万平方米，依地形设山理水，形成内外两园。其中内园是一座园中园，处于外园的东南角。它仿唐代诗人杜牧《山行》之意，凿池栽芰，叠石成山。山道弯弯，半山苍松，半山红枫，枫林松径，山路回转，小巧而又曲折，宛如一座大盆景。而内园与外园以粉墙相隔，外园以荷池为中心，池广约7000平方米。

如果是夏天，步入这大约7000平方米的荷池，放眼一望，太阳升朝霞，芙蕖出绿波，风荷挺举，红晕照人，摇曳多姿，幽香清远。特别是在夜晚，在微风和星光的笼罩下面，你走在那些弯弯曲曲的石砌小径上，还可以听到莲池里荷花开放时发出"啪啪"的声响，是那样扣人心弦。就这样徜徉在荷花的世界里，你会真切地感受一种古典的美就在你的身边，你会感觉时光悄然倒退了回去，也许张生，也许崔莺莺不知道什么时候就出现在你的身边了。

嘉业藏书楼

与小莲庄隔溪毗邻的，是嘉业堂藏书楼。它是刘镛孙刘承干于1920年所建，因清帝溥仪所赠"钦若嘉业"九龙金匾而得名。该楼规模宏大，占地大约1.3万平方米，四周开河，楼高两层，七开间楼厅两进。其内藏书丰富，合流众长，兼收并蓄，荟萃北京及江浙等地藏书家之精华。不仅如此，它还精椠秘笈，世间不经见之书插架森森。其中宋椠元刻、明刊本、稿钞本及地方志书的大量收藏，可说是嘉业堂藏书的四大特色。号称嘉业堂镇库之宝的就是珍贵的宋刻《史记》、《汉书》、《后汉书》、《三国志》。

★★★ 走进"江南第一宅" ★★★

如果说"四象"之首刘镛的小莲庄胜在静谧悠远、不染一点俗尘，那么"四象"之二张石铭的故居，有着"江南第一宅"之称的懿德堂，则妙在它的中西合璧。

懿德堂前临古浔溪，坐西朝东，占地面积6500平方米，建筑面积7000平方米，有五落四进和中、西式各式楼房150间。我们从它第三进、第四进中就可以窥见它中西合璧的一角。

这第三进，内厅两侧的漏明廊窗为木刻芭蕉叶状，玲珑剔透，栩栩如生，故称芭蕉厅。据说过去该院中沿墙栽种芭蕉，供眷属观赏，也收取花苞滴露，味甘芳香，有消暑开胃之功效，所以，又名甘露厅。当初芭蕉厅里还有琅琊王珩所书《岳阳楼记》雕屏，字迹秀丽，可惜在“文革”中被木匠锯开修理门窗了。这廊窗镶嵌着法国进口的菱形刻花蓝晶玻璃，花式为四时花卉果品，晶莹高雅，属当时中西文化结合之贵重工艺装饰品。

而第四进的大厅是一个设有化妆间、更衣室的豪华舞厅，大厅装饰连镶嵌的彩色瓷砖也从法国进口，墙面屋顶由红砖砌筑，体现了18世纪西欧巴洛克建筑的风格。但封闭式的围墙、封火山墙、花岗岩石的台阶、青石板铺就的庭院，则是中国古典建筑的特色。在这洋房前的庭院中，还栽着两株广玉兰，它的花朵大如白荷，现已有两百多年的树龄，其叶大茂密，引来鸟雀栖息，婉啼动听。

百间楼既保持了明代建筑风格，又具有清代建筑的遗韵，是具有典型江南水乡风味的民居楼群建筑。

★★★ 百间楼上倚婵娟 ★★★

南浔不仅因丝业成就了一批大贾巨富，也因秀水而文人辈出，从明代时这里就传唱着“九里三阁老，十里两尚书”之谚。在这“十里两尚书”中，就有明代礼部尚书董份。他在南浔给我们留下了一座具有典型江南水乡风味的民居楼群建筑——百间楼。

关于“百间楼”的建造，还有一段有趣的传说。据传，董份隐居南浔后，其孙与南浔白华楼主嘉靖进士茅坤的孙女结亲。但是迎接新娘时，茅家嫌弃堂堂董尚书家房子不够宽敞，就遣媒人对董家人说：“女方有一百个陪嫁的婢女，你家太小，住不下”。这时老尚书不慌不忙地答道：“不妨，我马上造一百间楼，给你家每名婢女住一间。”他遂依河而建，立屋百余间。

傍河而筑的百间楼，有的充分利用空间筑骑楼，有的楼前连披檐，故街道行人方便，雨季可避雨，夏季可遮阳。百间楼的封火山墙，有三叠式马头墙；也有琵琶式山墙，高低错落，极富情趣。各楼之间又有券门相隔，把人们的视线引向纵深。沿河石砌护岸整齐，且有河埠，即方便百姓、船家、商人上岸、下船，搬运货物和出行，又便于百姓汲水和洗涤。

百间楼房屋最集中的一段是河东岸的莲花桥到长桥。这里房屋较为整齐，密密扎扎地布满了河岸。白墙、青瓦、沿廊、河埠、花墙、卷门、廊檐、河水流淌，船只往来，呈现出一片如诗如画的风光。嘉庆年间张镇曾有诗赞美道：“百间楼上倚婵娟，百间楼下水清涟；每到斜阳村色晚，板桥东泊卖花船。”

第十章 人间何处是桃源

婺源

★★★ 三月油菜花儿开 ★★★

位于江西省东北部的婺源，素来就有“中国最美的乡村”之称。尤其三月中下旬，走进婺源，那一棵棵粉红的桃花、一树树洁白的梨花，点缀在漫山遍野金黄色的油菜花中，辉映着那满坡的绿茶，加上徽派建筑的白墙黛瓦，五种颜色，和谐搭配，胜过世上一切的图画。

而江岭，这个地处婺源最东北的山区，恐怕是婺源三月油菜花画中最美的一笔。江岭成盆地状，层层的梯田盘山而建，曲线优美，线条流畅。待到春至，这一片片田垄里，就有灿烂的金黄，从山顶一路铺散到山谷下。它们高高低低，

江西是油菜花大省，而江西最美丽的油菜花就在婺源。金黄的油菜花，加上白墙黛瓦，那景色，胜过世上一切的图画。

弯弯曲曲，一望无际，恰似通天的云梯，把天与地紧紧地联系在了一起。站在山顶望去，脚下大片的山谷内，除了油菜花层层叠叠，一望无际，还有小河迤逦而行，河边还围拢着几个小小的村落，它们叠加在一起，相互交错，可谓美不胜收。特别是一夜春雨过后，太阳还没露脸，云海就汹涌而至，于雾霭蒙蒙中在这金黄的花海漫步，有山风夹带着淡淡的油菜花香拂过，你定会觉得，人间仙境，莫过于此了。

★★★ 风吹彩虹桥 ★★★

可是，婺源的美，不只有油菜花，它还有一种颇有特色的桥——廊桥。所谓廊桥，就是一种带顶的桥，这种桥不仅造型优美，最关键的是，它还可以在雨天里供行人歇脚。

在婺源的廊桥中，位于清华镇的彩虹桥，是婺源廊桥的代表作。彩虹桥历史悠久，建于南宋，距今已有800多年，是古徽州（婺源古属徽州）最古老、最长的廊桥，被众多媒体誉为“中国最美的廊桥之一”。这座全长140米，宽7米的廊桥因袭唐诗“两水夹明镜，双桥落彩虹”而命名，传说是桥落成之日，有彩虹悬于蓝天，双景媲美。

彩虹桥的每个桥墩上都建有一个亭，墩之间的跨度部分是为廊，共有六亭，五廊。从远处看，彩虹桥的亭略高于廊，错落有致。它的设计非常科学，其桥墩像半个船形，前面丰锐，后面平整，呈流线型，能分解洪水对桥墩的冲击力。正是由于这种设计，它才能保存到今天。历史上曾记载，最大水位曾接近桥面，当时洪水汹涌，假如墩头是平面的，桥早已被洪水冲毁。而且，彩虹桥的桥墩之间距离不等。墩距的最大跨度为12.8米，最小的为9.8米，相差3米。这种设计，是根据汛期洪水的走向确定的。主流量经过的地方墩距较大，有利于行洪，桥墩受到的冲击也小；水流平缓的地方，墩距较小，受到洪水的冲击力相对小些。另外，彩虹桥条石之间的砌法也非常讲究。它的桥墩是用长短大小不一的条石相嵌在一起的，缝隙小，结合得非常牢固。这是因为桥墩内部是用砂石填充的，一旦条石出现缝隙，长年被洪水冲击，很容易拉大口子，砂石被淘空，桥墩就会倒塌。但是要修复一个桥墩的难度很大，其最大的水深有4~5米，在当时落后的生产条件下，要清到岩基，将上百斤或成吨的石块砌好，非常艰难，就光排水一项，就要用十多台农用水车，昼夜不停抽水，方能清到岩石砌条石。因此，当初的建造者，想把桥墩做好后，永远不再重修，做到一劳永逸。他们也的确做到了，彩虹桥历经风雨沧桑八百年，至今仍屹立不倒。

★★★ 月亮湾·竹排·鱼鹰 ★★★

在婺源县城至彩虹桥之间，还有一座狭长的小岛。它夹在两岸之间，形状犹如一弯月亮，这就是月亮湾。

月亮湾那月牙形的小岛，小得让人怜爱。而它那一湾秀水，则像山村少女，美丽而且内敛，绝对清丽脱俗。朝阳映在水上，弯弯的水面就像镜子一般映照一切。偶有三五农妇临湖浆洗，会时常引得路人纷纷驻足拍摄此时美景。

走近水边，你也许还会看见水上正游曳着几叶竹排。竹排之上，会有渔夫口里含着烟卷，身上系着围裙，悠然自得地挥舞着手中的长竹篙。数只鱼鹰也站在竹排上，它们在渔夫的指挥下纷纷跃入水中，一个猛子扎下去，不一会儿功夫，就会叼起一条鱼。此时，渔夫就用竹篙将其挑起，然后从鱼鹰口中抠出鱼来，丢进旁边的鱼筐中。这鱼鹰搅动的浪花，给静谧的湖面带来了阵阵喧闹，与那静谧的湖面珠联璧合。如果你需要拍照，运气好的话，渔夫还会摆出各种各样的造型姿势，将鱼丢进水里，让鱼鹰下水去叼，这时你的快门一声“咔嚓”，就能把一张张形态各异的画面定格到镜头里。

要是你要俯瞰月亮湾，还可以登上后面的山峰。那将是另一种景色。原来，对岸那貌似月亮般的岛屿，镶嵌在碧湖青天的水泊之中；而岛屿上的柳绿花红倒映在清澈的水中，使水下也有了“岛屿”。在这青山绿水之中，还鳞次栉比地簇拥着一栋栋白色的徽式民居，待到夕阳斜照，炊烟袅袅，会有隐隐的犬吠声传来。

这是一片天然的美丽景色。它那天然雕琢、玉洁冰清的高贵，没有任何人工打造的痕迹，展现的是大自然的杰作，很适宜当今都市人来此抒发返璞归真的情感。

【凤凰】

★★★ 沱江边，展翅的青山 ★★★

这是一个世上绝无仅有的地方，有山、有水、有吊脚楼，这儿是一个边陲小镇，这，便是文学大师沈从文笔下的湘西古城——凤凰。

凤凰是湘西的标志，是湘西最美的精灵。那么，是谁托起了凤凰的美，或者说，是谁滋养了凤凰？这，恐怕就独属沱江了。沱江是古城凤凰的母亲河，它依着凤凰古城那用紫红沙石砌成，典雅而不失雄伟的城墙缓缓流淌，世世代代哺育着古城儿女。它的河水清澈，城墙边的河道很浅，水流悠游缓和，可以看到柔波里招摇的水草，可以撑一支长篙漫溯。也可以坐上乌篷船，听着艄公的号子，看着两岸沿沱江边而建，已有百年历史的土家吊脚楼，细脚伶仃地立在沱江里，像一幅永不回来的风景。顺水而下，小舟往来间，有翠绿的南华山倒映江心，山间暮鼓晨钟……一种远离尘世的感觉悠然而生。

可是，沱江与凤凰这湘西精灵的渊源，还远不止这些。很久以前，凤凰并不是叫凤凰的，而是叫“镇竿”，所以，如果你在古城里面逛街的话，还是一样会发现，很多店铺的名字都是有镇竿这两个字的。后来，因为人们发现沱江边离凤凰古城不远的地方，有一座青山，从远处看，它酷似展翅而飞的百鸟之王——凤凰，这才把“镇竿”改叫做了凤凰。

★★★ 红砂古墙青石街 ★★★

凤凰的城最初修建在元朝，是一座土城，或许更早的时候也不一定，因为没有历史记载更久远的事情。

而记述了凤凰明后期、清前期历史的凤凰地方的史志，则记载了明朝开始，凤凰把土城改建成了砖城，并开设了4座城门，城门上建造城楼，供眺望和守卫。到清朝时期，因为统治少数民族的需要，清政府在这里频繁用兵，凤凰位置日益重要，古城的防卫也由此加强。因此，清康熙年间又将砖城改成了石城，仍设4个城门。其中北门名“壁辉”，东门为“升恒”，南门曰“静澜”，西门是

"阜城"。至乾隆年间，凤凰厅通判因为城内没有井泉，于防守上十分不利，又决定在西门和北门之间扩建了一道城墙，称之"笔架城"。1797年，也就是清嘉庆二年，傅鼐更是大兴土木，城墙垒砌得更高，还向四外扩充，加增了城内的面积，士兵也在城内有了宽敞的戍守营地。这时还在西门外修建了一座月城，增开一座西门，名为"胜吉门"。再后来就是民国时，陈渠珍重整古城了。他把月城内的城墙和阜城门都拆去，城墙又向南扩充，新开设了一个南门，名"渠成门"，大概是想要彰显自己的功劳吧。自此以后，凤凰城的格局未再有大的变动。

古城经过几代人的规划，防御体系非常完备，据说自改建砖城后，还从未有人攻破。并且，历经风雨，那红色砂岩砌成的城墙也仍然伫立在沱江的岸边，是古城一道坚固的屏障。还有那南华山衬着的古老的北门城楼，也同样保存完好。这城楼在对外的一侧分布着8个射击孔，可以放枪、开炮。它还有两扇大铁门，嵌有圆头的铁铆钉，门上除了"壁辉门"的门额，还有《三国演义》等人物故事以及珍禽异兽的雕刻，细腻生动，即使锈迹斑斑，也能看得出当年威武的模样。

在北城门下，宽宽的河面上横着一条窄窄的木桥，以石为墩，两人对面都要侧身而过，这曾是当年进城的唯一通道。从这里进得城来，你便会发现，凤凰古城是以回龙阁古街为中轴，连接无数小巷，沟通全城的。回龙阁古街是一条纵向随势成线、横向交错铺砌的青石板路，两边建筑飞檐斗拱，店铺中陈设着琳琅满目的民族工艺品，浓浓的古意古韵，透出古街深厚的文化底蕴。

★★★ 难忘吊脚楼 ★★★

走进凤凰古城，你的目光也一定会被那沱江河的吊脚楼群所吸引。之所以称之为"绝"，可以肯定，在湘西的土地上，甚至全国，能拥有如此成规模的吊脚楼群，恐怕只此凤凰古城一家。

凤凰古城的吊脚楼起源于唐宋时期。唐垂拱年间，凤凰这块荒蛮不毛之地王化建县，吊脚楼便零星出现，至元代以后渐成规模。随着岁月沧桑，斗转星移，旧的去了新的来了，建筑物在日月轮回中不断翻新更替，目前凤凰古城的吊脚楼多是保留着明清时代的建筑风格。

而这些吊脚楼的形成，则与贫苦大众有关。凤凰古城开四门，坚固完好的城廓框定的面积不足五万平方米，像一个漂亮精致的小木匣，里面住的多是官僚商贾及富人。所以，迁徙而来的贫穷外乡人在城中找不到栖身之处，只能在城外想办法立足。但是贫穷最能调动人的聪明才智，他们在沱江河、护城河的城墙外狭长地带垒窠筑窝，一半陆地一半水面地凌空架起简易住舍。

这一半着陆，一半接水，夹江而立的吊脚楼多依山就势而建，呈虎字形，以“左青龙，右白虎，前朱雀，后玄武”为最佳屋场。有的也讲究朝向，或坐西向东，或坐东向西。它们在平地上用木柱撑起分上下两层的居室，上层通风、干燥，用来居住；而下层则是猪牛栏圈或用来堆放杂物。就这样，古古旧旧、高高低低，一栋傍着一栋，一檐挨着一檐，壁连着壁，肩并着肩，一律黛黑色装束的吊脚楼，就如此地拥挤在河岸上，在背景南华山的衬托下，层次分明并整整齐齐地，也东倒西歪地由西向东绵延逶迤。

另外，值得一提的是，在河岸上浩荡着数百栋的吊脚楼群，每栋屋宇都隔有封火墙并一致地安装有鳌头。谓之封火墙，实为消防之用。从古走来，凤凰的先人们就十分懂得区域的防火法。封火墙的作用则是阻止火势蔓延。万一有失，损失也只是局部，不至于演绎成“火烧连营”。

由于封火墙作用重大，吊脚楼主们都对此墙倍加呵护并极尽之美化。他们

江中渔舟数点，山间暮鼓晨钟，吊脚楼上青烟袅袅，码头岸边浣女嬉笑……凤凰的美景不知打动了多少人的心。

在每堵封火墙前后都装有鳌头，且鳌头都不约而同地一律为凤凰鸟图案造型。远眺，只只凤凰引项朝天，气宇轩昂，令人心驰振奋。这便可释解凤凰人对美的追求，对神鸟凤凰的崇尚。

以其壮观的阵容在我国国土上存在着的凤凰古城沱江河岸上的吊脚楼群，是十分稀罕的。它不单在形体上给人以巍峨的感觉，而且在内涵上不断引导着人们去想象去探索。它在风风雨雨的历史长河中代表着一个地域民族的精魂，如一部歌谣，一段史诗，记载着风雨飘摇的历史，记载着寻常的百姓故事，令人一见难忘。

元阳

梯田：用色彩雕刻大地

地处云南南部、哀牢山脉南段，红河州西南部、红河南岸的元阳县，是云南省红河哈尼族彝族自治州一个颇有名气的山区县。它古朴典雅的山村风光，多姿多彩的民族风情，让人心旷神怡，流连忘返。

这个低纬度高海拔地区的县城，境内层峦叠嶂，沟壑纵横，山地连绵，无一平川。它最低海拔144米，最高海拔2939.6米，海拔差异明显。地势由西北向东南倾斜，红河、藤条江两干流自西向东逶迤而下。鸟瞰全境，“两山两谷三面坡，一江一河万级田”，构成了元阳特殊的地形地貌。特别是那万亩梯田，素来就有“元阳梯田甲天下”之美称。

层层叠叠的梯田在茫茫森林的掩映中，在漫漫云海的覆盖下，构成了神奇壮丽的景观。

元阳2.4万多平方米的梯田，遍布山山岭岭，其气势之磅礴，面积之广阔，堪称世界一绝。日出时，红霞满天，云雾滚动，那连绵不断的成千上万层梯田，直延伸至海拔2000米的高山之巅，它们波光粼粼，金灿灿，亮闪闪，就好似一架架直上云霄的天梯，把附近的哈尼村寨高高托入了云海中；每当下午四时后，白茫茫的梯田随着夕阳西下，又逐渐变成紫红色、红色，再转变成粉红色、白色，衬着那如同披着金黄纱巾的山村、树林还有牧童，一时间千山万壑如诗如画。

而这幅色彩斑斓的图画，是哈尼族人世世代代留下的杰作。哈尼族多居住在海拔1400米到2000米的地区，这里气候温和，雨量充沛，日照充足，非常适宜水稻的生长。因此，哈尼族先民自隋唐之际进入此地区就已开垦梯田种植水稻。在此1200多年间，哈尼族倾注了数十代人的心力，发挥了惊人的智慧和勇毅来垦殖梯田。他们垦殖梯田的智慧令人惊绝，其随山势地形变化，因地制宜，坡缓地大则开垦大田，坡陡地小则开垦小田，甚至沟边坎下石隙之中，也无不奋力开田，因而梯田大者有数亩、小者则仅有簸箕大，往往一坡就有成千上万亩。同时，他们还发挥了巨大的天才和创造力，在大山上挖筑了成百上千条水沟干渠。这条条沟渠如银色的腰带，将座座大山紧紧缠绕，大大小小沟渠中流下的山水被悉数截入沟内，这样就解决了梯田稻作的命脉——水利问题。而且，因为山水四季长流，梯田中可常年饱水，这又保证了稻谷的发育生长和丰收。

如此，这一天人合一的人类大创造，这一文化与自然巧妙结合的产物，在用色彩雕刻着大地的同时，也构成了一个充满生命活力的大系统。

★★★ 云雾中的蘑菇房 ★★★

哈尼族先人的勤劳与智慧，不止从那上万亩的梯田中可以窥见一斑，它也体现在了哈尼民居——蘑菇房的建造中。

传说远古时候，哈尼人住的是山洞。后来他们迁到一个名叫“惹罗”的地方时，看到满山遍野生长着大朵大朵的蘑菇，它们不怕风吹雨打，还能让蚂蚁和小虫在下面做窝栖息，他们就比着样子盖起了蘑菇房。蘑菇房的墙基用石料或砖块砌成，地上地下各有半米，在其上用夹板将土舂实，一段段上移垒成墙，最后屋顶用多重茅草遮盖成四斜面。它的内部分三层。其中，底层用来关马圈牛，堆放谷船、犁耙等农具；顶层用来置放粮食柴草之类；而中间楼板层，就是主人住的地方了，做饭、休息、会客均在此层。这一层是“蘑菇房”的主体部位，其设置很有特色。除了一侧有一道小木门外通平晒台，其正中央还设有常年烟火不断的长方形火塘。火塘象征着哈尼人火一样的性格，待人火一样的热情，以及民族的兴旺发达。倘若你来到这古老的民居之中，好客的主人便会邀请你围坐火塘边，让你吸上一阵长长的水烟筒，饮上一杯热腾腾的糯米香茶，喝上一碗香喷喷的“闷锅酒”。趁着酒兴，男主人“哈八惹（酒歌）”的嗓门便敞开了，向你展示出哈尼人像哀牢山竹子一样有枝有节有根的古令，并祝愿宾客吉祥如愿，情深谊长。

蘑菇房不仅玲珑美观，独具一格；而且经久耐用，冬暖夏凉。它与元阳那巍峨的山峰，多姿的梯田，构成了一幅奇妙的哈尼山乡壮景。而且，由于哈尼族一般居住在向阳的山腰，这里古树丛林郁郁葱葱，多泉多涧，加上雨量丰沛，所以常年是云蒸霞蔚。特别是每逢冬春，这一栋栋沿坡布局，高低错落有致的蘑菇房点缀在绚丽多姿的茫茫云海中，仿佛一座座仙殿，构成了独特的云中奇观。

哈尼族的服饰

哈尼族的服饰具有鲜明的特点。首先，他们善于用兰靛染衣服，各家房前屋后都种有一种植物称兰靛，取其叶放入缸内加入水一泡，即成蓝色，衣服穿脏后就丢在缸里泡洗，常洗常新，直至穿破了颜色都不变。而且，哈尼的妇女能用绣、挑、扣等方法刺成各种精美的图案和花卉。这些图案大都镶于衣服边沿和围腰、绑腿，帽子之上，使哈尼族服饰民族特色突出。另外，哈尼族男女青年还用服饰来表示自己已经成年，可以开始谈恋爱。比如，女子十七岁以后要在头后部佩戴一件叫“欧丘丘”的装饰物，表示可以求爱。而已出嫁的姑娘，要在“欧丘丘”上面包一块黑布，称“欧昌”，表示自己已属于某个男人。

【桂林】

千载难逢的山水造化

桂林是一幅富有诗意的泼墨画，是大自然打翻了浓墨从而泼出的仙境。它的出现，可谓是千载难逢、万载不遇。

为什么这么说呢？原来，桂林山水那巨厚的纯净石灰岩，据测量，有2000~3000米，面积7000多平方千米。它们是在大海中沉积，并经过几亿年的压实成岩的过程才形成的。而且，需要经过多次地壳的构造运动，才能造成岩石众多的节理和裂隙，为之后的溶蚀留下通道。此外，周边的地壳在构造运动中抬升的速度还必须比桂林盆地快，这样才能使桂林盆地成为三面环山、一面有出口的相对低洼的汇水区。

但是，桂林更难遇到的是它三面的山都必须是非喀斯特山。大家知道，桂林山水属典型的“喀斯特”岩溶地貌，遍布桂林的石灰岩经亿万年的风雨侵蚀，形成了千峰环立、一水抱城、洞奇石美的奇观。但是，如果桂林三面的山是喀斯特山，这些山就会把降水吸收，并且渗透下漏到地下，如此就不会汇聚成水量丰沛的河流。不过，幸运的是，桂林盆地东有海洋山、西有驾桥岭、北有越城岭，这三条山脉都不是“吸水”的喀斯特山，而是由其他岩石构成的。由此看来，桂林山水是喀斯特山与非喀斯特山的组合，也就是徐霞客曾说的“石山”与“土山”双主题的“交响”。

并且，桂林山水的形成还有一个条件，那就是降水要丰沛和气候要炎热。桂林北面越城岭的主峰猫儿山年降水量达到2500毫米，是那一带的暴雨中心；而桂林东西两面的山区的降水量，也都在1500毫米以上。漓江流域有三分之二的区域是非喀斯特区，在这三分之二区域汇集的非喀斯特水流到了面积仅占流域三分之一的桂林盆地，正是这来自非喀斯特地区的漓江水，溶蚀了盆地中一个个山峰的坡脚，使其坡面不断崩塌平行后退，使一个个石峰彼此分离，相互之间有了一定的距离，最后造就了一些星罗棋布、参差错落散布在平原上的塔状和锥状的挺拔石峰。

百里漓江如画

桂林那千峰环立、一水抱城、洞奇石美的独特景观，素来就被世人美誉为“桂林山水甲天下”。而漓江，这桂林山水的精华，这桂林风光的灵魂，则更是闻名遐迩。

漓江长160千米，是世界上风光最秀丽的河流之一。它两岸的山峰伟岸挺拔，形态万千，石峰上多长有茸茸的灌木和小花，远远看去，若美女身上的衣衫。江岸的堤坝上，终年碧绿的凤尾竹，似少女的裙裾，随风摇曳，婀娜多姿。最可爱是山峰倒影，几分朦胧，几分清晰。还有江面渔舟几点，红帆数页，从山峰倒影的画面上流过，真有“船在青山顶上行”的意境。并且，漓江的景致还因时、因地（角度）、因气候不同而变化。晴朗天气，上下天光，一碧万顷，千峦百嶂，尽入眼帘。烟雨之日，岚雾缭绕，若隐若现，若断若续，一派空漾。明月之夜，群峰如洗，江波如练，若置身空灵境界，清远无限。雄奇瑰丽的百里漓江，使人赏心悦目，冶性陶情，净化心灵，弃俗绝尘。可以说：“漓江神秀天下无。”

漓江被称为桂林的母亲河，它不仅为桂林提供了丰富的水资源，沿江秀丽的风光还为旅游经济的发展作出了杰出贡献。

还可以说，百里漓江的每一处景致，都是一幅典型的中国水墨画。其中，在距桂林市约46千米处，漓江西岸的鸳鸯滩下，杨堤两岸翠竹成林，连成十里的绿色翠屏，摇曳在青山、秀水、飞瀑、浅滩之间，给人以清幽、宁静之感。从杨堤村后的人仔山眺望杨堤，映入眼帘的更是一幅绚丽多彩的自然风光：洲上阡陌纵横，庄稼如茵；山村竹树葱茏，炊烟袅袅；水上渔筏摇曳，鸬鹚斗水；山涧牛羊欢叫，牧笛悠扬。还有九马画山，它在漓江东岸画山村附近，距桂林约60千米处。它五峰连接河边的岩壁，临江石壁上，青绿黄白，众彩纷呈，浓淡相间，斑驳有致，宛如一幅神骏图。这九马栩栩如生，神态各异，或立或卧，或奔或跃，或饮江河，或嘶云天，正是“自古山如画，而今画似山。马图呈九道，奇物在人间”。

但是漓江最出名的，恐怕还是象鼻山。象鼻山原名漓山，又叫仪山、沉水山，简称象山。它位于桂林市内桃花江与漓江汇流处，因山酷似一只站在江边伸鼻豪饮漓江甘泉的巨象而得名，被人们称为桂林山水的象征。象鼻山山体面积1.3万平方米，是由3.6亿年前海底沉积的纯石灰岩组成的。清代工部郎中舒书在《象山记》中写道：“粤之奇以山，粤西之山之奇以石，而省城相对之象，则又其奇之甚。”

★★★ 阳朔的“世外桃源” ★★★

发源于兴安县猫儿山的漓江，就像蜿蜒的玉带，从桂林一路袅袅娜娜，缠绕过苍翠的奇峰，经由83千米的水程，便到了阳朔。

阳朔是一个历史悠久的古城，有一句唐诗说得好：“城郭并无二里大，人家都在万山中”。它山拥江城，就像一朵盛放的莲花。在这朵莲花中，还有一个离都市最近的世外桃源，它像一位朴素的村姑静静伫立在城市边上，不张扬也不造作，一派天然，富于真趣。

若是“沾衣欲湿杏花雨，吹面不寒杨柳风”的季节，踏进阳朔的“世外桃源”，展现在眼前的将是一片秀美的山水田园风光。清波荡漾的燕子湖镶嵌在大片的绿野平畴之中，宛如少女的明眸脉脉含情。湖岸边垂柳依依，轻拂水面。一架巨大的水转筒车，吱吱呀呀地摇着岁月，也吟唱乡村古老的歌谣。放眼望去，远方群山，村树含烟，阡陌纵横，屋宇错落，宛若陶渊明笔下“芳草鲜美，落英缤纷”“有良田美池桑竹之属”的桃源画境。

但是真正的玄机，还在燕子湖后面。当你乘坐小船，转过燕子湖岸边的歌台，驶入窄长的水道后，你会发现，燕子湖后面竟如此迂曲回转，曲径通幽——世外桃源是一个开放式的景区，它没有围墙与隔桩。田园山水、路桥村舍天衣无缝地自然融合，尽纳天地之大美。

航道越来越窄。小船通过没有一点灯光、犹如夜航的燕子岩洞和“初极狭，才通人”的小隘口以后，似乎已是“山重水复疑无路”了。没想到不一会儿眼前却豁然开朗，柳暗花明——桃花岛到了。小岛不大，四面环水，但草木繁茂，杂树生花，一株株红桃正笑得热烈灿烂。好一片“日出江花红胜火，春来江水绿如蓝”的诗意美景。

过了桃花岛，再越过一片水域，小船就会沿着散布的村庄缓缓驶回。这是真正的乡村，青瓦泥墙，竹篱菜畦，鸡犬之声清晰可闻。不时可见三三两两的村妇在河边洗衣，她们的棒槌在青石板上敲出古老的韵律。担桶的农人赤脚穿行在田间，顽皮的儿童嬉闹在屋前的空坪，更有捕鱼的老翁，叼一管烟斗，悠悠坐在竹筏上，在云影中随波逐流。

【阿坝】

童话里的九寨沟

不过，纳摩的传说虽然美丽动人，却还是不如九寨沟这个“童话世界”闻名遐迩。

位于阿坝州九寨沟县漳扎镇的九寨沟，因有九座藏族村寨（又称何药九寨）居于其中而得名。它呈人字形，主沟叫树正沟，呈南北延伸，南高北低，向北开口，其上有两条支沟，东名则查哇沟，西名日则沟。这些沟谷总长约60千米，以其原始的生态环境，一尘不染的清新空气和雪山、森林、湖泊组合成神妙、奇幻、幽美的自然风光，显现“自然的美，美的自然”，从而被誉为“童话世界”。

在这个童话世界中，水景最是绮丽。那泉、瀑、河、滩将沟内串珠式分布着的108个大大小小形状各异的海子连缀一体。这些海子虽深过数十米，但水质异常洁净，加之梯形状的湖泊层层过滤，其水色愈加透明，能见度高达20米，可直视海底。而且，因为各个海子水中的植物种类和湖底沉积物都有所不同，所以，它们又水色各异，涟漪多彩。特别是晨曦或夕阳下，海中之倒影，更加明净真切，步移景异，妙趣无限。

九寨沟还有着“水在树间流，树在水中长”的特点，可谓是水乳交融，美不胜收，一年四季都十分迷人。春日来临，九寨沟冰雪消融、春水泛涨、山花烂漫、春意盎然，远山的还未融化的白雪映衬着童话世界，温柔而慵懒的春阳吻接湖面，吻接春芽……夏日，九寨沟掩映在苍翠欲滴的浓荫之中，五色的海子，流水梳理着翠绿的树枝与水草，银帘般的瀑布抒发四季中最为恣意的激情，温柔的风吹拂经幡，吹拂树梢，吹拂你流水一样自由的心绪。秋天是九寨沟最为灿烂的季节，五彩斑斓的红叶、彩林倒映在明丽的湖水中，缤纷地落在湖光流韵间漂浮着。悠远的晴空湛蓝而碧净，自然自造化中最美丽的景致充盈眼底。冬日，九寨沟变得尤为宁静，尤为充满诗情画意。山峦与树林银装素裹，瀑布与湖泊冰清玉洁、蓝色湖面的冰层在日出日落的温差中，变幻着奇妙的冰纹，冰凝的瀑布间细细的水流发出沁人心脾的音乐。

★★★ 人间瑶池属黄龙 ★★★

如果说，九寨沟是个童话世界，那么位于阿坝州松潘县的黄龙沟，就是人间瑶池。

黄龙沟背倚终年积雪的岷山主峰雪宝鼎，面临碧澄的涪江源流。沟谷顶端的玉翠峰麓，高山雪水和涌出地表的岩溶水交融流淌。随着流速缓急、地势起伏和枯枝乱石的阻隔，水中富含的碳酸钙开始凝聚，发育成固体的钙华埂。碳酸钙沉积过程中，又与各种有机物、无机物结成不同质的钙华体，还有光线照射的种种变化，形成池水同源而色泽不一的大片彩池群，绘出了黄龙奇观的第一幅天然图画。

这些层叠相连的彩池，大的一、两亩，小的几平方米，如蹄、如掌、如菱角、如宝莲、千姿百态。巨大的水流，穿林、越堤、滚滩，然后注入其中，层层

“她有着森林绚丽的梦想，她有着大海碧波的光芒……”一如歌中所唱，九寨沟确实是一个神奇的地方，它就像大自然撰写的一部壮美史诗。

跌落。其中进沟的第一池群，掩映在一片葱郁的密林之中，穿过苍枝翠叶、20多个彩池，参差错落，波光闪烁，水声叮咚。而其他的池群，有的池埂低矮，池水漫溢，池岸洁白，水色碧蓝，在阳光照射下，五彩缤纷；有的池中则古木老藤丛生，如雄鹰展翅，似猛虎下山，惟妙惟肖，栩栩如生；有的池中还生长着松、柏等树木，或高出水面，或淹于水中，婀娜多姿，妩媚动人，形似“水中盆景”。

可是这么多画中秀色，五彩池终究盛不下。于是，水飞浪翻一路流淌，在长达2.5千米的脊状坡地上，形成了气势磅礴的又一奇观——金沙铺地。原来，在山水漫流处，沿坡布满了一层层乳黄色鳞状钙华体。阳光下伴着湍急的水波，整个沟谷金光闪闪，看上去恰似一条巨大的黄龙从雪山上飞腾而下，“龙腰龙背”上隆起的鳞状物，则好像它的片片“龙甲”。这便是黄龙沟得名的缘由。

★★★ 米亚罗看红叶 ★★★

你也许会感叹“天下最美黄龙水，人间最奇五彩池”。可是，阿坝献给世人的，还远远不止这些。那位于阿坝州理县境内的米亚罗，它的秋色，是阿坝的又一奇观。

在藏语中，米亚罗的意思是“好玩的坝子”，这里可谓是群山连绵，江河纵横，林海浩瀚，空气清新，四季风光宜人。尤其是金秋时节，万树姹紫嫣红，争奇斗艳。它们斑斓的色彩与蓝天、白云、山川、河流构成了一幅醉人的画卷。每当秋风乍起之时，三千三百道沟，三千三百道梁，沟沟有红叶，沟沟有融雪，山也被红叶遮掩，水也被红叶浸染，道也被红叶铺成，它们一簇簇、一团团，燃成了米亚罗秋的火焰。这比梦境还要美的米亚罗火焰，以3000多平方千米的雄伟气势，喧哗出了一个红黄绿交相辉映的秋天。枫树、槭树、桦树、鹅掌松、花楸与野樱桃，以不同的姿态，不同的色彩，站在山中、站在水边路旁，在湛蓝的天幕下，把杂谷脑河谷装扮得流丹溢彩。

徘徊在米亚罗的水边，你或许会在猛然之间被两棵紧挨的树所触动。它们一棵清朗俊逸，一棵千娇百媚，一红一黄，在离水岸不远的山中，相互厮磨。这些米亚罗的树经过春天的孕育，经过夏天的滋润，在秋天成熟了，秋天应该是它们的爱情季节吧。你看那优美的姿态，不俗的气质，如同王子与公主，在热情如火的山中，在蓝天白云的映衬下，开始了爱情故事。

张家界

黄石寨的“悬浮山”

电影《阿凡达》的上映，使得张家界这一阿凡达的取景之处，迅速享誉中外。虽然随着时间的推移，现在《阿凡达》这部国际大片早已淡出了人们的视野，但是张家界三千奇峰还依旧挺拔，八百秀水也仍然迤逦。而在这挺拔迤逦的青山秀水中，黄石寨可谓是精华所在。

黄石寨位于张家界国家森林公园，它素来就有着“不上黄石寨，枉到张家界”的美誉。它的山有棱有角，形状独特。山的周围有云雾缭绕。云雾袅袅升腾，林涛猎猎起伏，这是多么美的一幅画卷哪！它会让你五步称奇，七步叫绝，十步之外，目瞪口呆！

这里的每一座岩峰都是一件古老的艺术品，其中有的形似仙人，例如那罗汉

张家界的山峰直立而密集，突兀入眼的岩壁、峰石如帛如笋，似屏似矛，一扇扇、一根根，连绵万顷，给人以层峦叠嶂的磅礴气势，被誉为“天下第一奇山”。

迎宾。从南面登黄石寨，上行百米，见杉林内矗立石峰数座，峰壁青松翠蔓，如纱帘悬垂。其中一峰，顶上砂岩重叠，后倚蓝天，似南面而坐的罗汉，光秃、脸圆、面带微笑，大腹便便，屈膝盘腿，两手胸前作揖，似颔首致意，迎接宾客。有的则如针。在黄石寨环山游道上，循山涧远眺，矗立着一座上尖下钝、高逾百米的圆锥形石峰，朝晖夕暮，常在云烟雾霭中隐现沉浮，俨然孙悟空龙宫探宝遇到的定海神针。更神奇的是，其百米外还有一峰则恰似猴头，缩颈握拳窥视，似是孙悟空欲取此定海神针。

不过黄石寨更著名的，恐怕是那南天一柱。过南天门上行120米，东南幽谷峰林中有一高达200多米的孤峰，宛如擎天玉柱。它的上部灌木点缀，中部岩身赤裸，下部树木遮掩，峰体浑圆、伟岸，一头托住云天，一头扎入大地，真是天造地设、鬼斧神工。据说，这还是《阿凡达》“哈利路亚山”即悬浮山的原型。

★★★ 金鞭踏溪行 ★★★

从海拔1080米的黄石寨下来，离张家界森林公园的门口300米左右处，就是金鞭溪的入口。

金鞭溪是因途经“张家界十大绝景”之一——神鹰护鞭的金鞭岩而得名。这金鞭岩拔地而起380多米，整块岩石由石英砂构成，在阳光的照耀下反射出熠熠金光，使得这根“石鞭”被冠以“金”的定语。而且金鞭岩身边一山峰状若护雏的老鹰，威风凛凛，日夜守护着“金鞭”，故而被称为神鹰。

全长7.5千米的金鞭溪，就穿行于这深壑幽谷之间。它两边千峰耸立，高入云天，树木繁茂，浓荫蔽日。而且，还有溪水潺潺、琉璃飞瀑，奇花异草与珍禽异兽同生共荣，它们构成了极为秀丽、清幽、自然的生态环境。可以说，金鞭溪把张家界的山水发挥到了淋漓尽致，所以它有着“千年长旱不断流，万年连雨水碧青”这样的美誉；著名文学家沈从文先生赞誉它是“张家界的少女”；当年张家界的宣传者——著名画家吴冠中先生也曾赞叹它是“一片童话般的世界”。

的确如此，人沿清溪行，胜似画中游。走近金鞭溪，那满目青翠，连衣服也会被映成淡淡的绿色；伴着声声鸟语，走着走着，忽然感到一阵清凉，才觉察有微风习习吹过，阵阵袭来的芬芳使你不由得驻足细细品味。而那清澈见底、纤尘不染的碧水中，还有鱼儿欢快地游动，红、绿、白各色卵石在水中闪亮。加上阳光透过林隙在水面洒落的斑驳影子，你顿时就会有一种大自然安谧静美的感受。

★★★ 百里茅岩，步步入画 ★★★

但是张家界的山水，岂会只有安谧静美，它那全长50多千米的茅岩河，就凶悍强劲，昂头撒蹄。

茅岩河是澧水的上游一段。从湖北发源的澧水，在连绵不断的山峡里喧泄奔腾，到达张家界永定区温塘镇后，在较为开阔的盆谷里，绕着一座青山盘缠歇息。可造物主就是这么奇妙，澧水长途奔泻的余威还未荡平，河两岸的群山突然收缩，山哥山弟齐心协力拼死挤压澧水。而不甘被挤扁的澧水，在山峡里，同巍巍大山展开了搏斗，于是乎，便成就了茅岩河之奇观。

这两岸全是悬崖峭壁，河段多险滩、急流、瀑布、古木的茅岩河，是一帧竞奇斗艳、婀娜多娇的青山图，是一幅多彩多姿、生动活泼的国画。你看，那绵延的青山，万木葱茏；峭壁对峙、沟深谷幽间，还有古松斜挂。而那从陡峭的峰腰峦肚中飞流直下，吞云吐雾的众多飞瀑，在阳光的照射下，就好似无穷滚落的五色彩珠。其中，尤以水洞瀑布最为壮观迷人。水洞瀑布从70多米高的峭壁泻出，漫流过三级凸凹不平的峭壁，形成长短不一的三叠。瀑水在每级的石台上漫过突兀出来的沟沟槽槽飞流而下，或宽如银河，或窄似白练，或似垂挂的水帘，或似串串银珠，飞落茅岩河中，撞击得河水颤颤悠悠，鳞光闪闪。

★★★ 地下奇观黄龙洞 ★★★

除了高耸入云的悬浮山和凶狠强劲的茅岩河，张家界的黄龙洞，也是一大奇观。

据专家考证，大约3.8亿年前，黄龙洞地区还是一片汪洋大海，沉积了可溶性强的石灰岩和白云岩地层。经过漫长的年代开始孕育洞穴，直到6500万年前地壳抬升，出现了干溶洞，然后经岩溶和水流作用，才形成了今日黄龙洞这一地下奇观。

黄龙洞现已探明的洞底总面积有10万平方米，全长7.5千米，垂直高度140米。它的洞体共分四层，整个洞内洞中有洞，洞中有河，石笋、石柱、石钟乳各种洞穴奇观琳琅满目，美不胜收。其规模之大、钟乳石之多、形状之奇，在国内外溶洞中是极为罕见的，被中外溶洞专家誉为世界溶洞的“全能冠军”。

在这个被誉为“地下魔宫”的溶洞中，最先形成的层数要数最高层第四层的“龙宫大厅”。黄龙洞龙宫大厅洞底面积14000平方米，洞顶平均高度40米，现存有1705根石笋、石柱，其中高于1米的就有516根，石笋分布密度为每平方米0.12根。整个龙宫气势磅礴、粗犷宏伟，众多石笋似人似物，惟妙惟肖，千姿百态，异彩纷呈，或如飞禽走兽，或如宫廷珍藏，或如巍巍雪松，或如火箭升空……其中，黄龙洞中最大的一根石笋似是“龙王宝座”。它从形态结构上讲，由两部分组成的，上部为一粗状石笋，高12米，底部直径10米，下部基座为底流石斜坡（石瀑布），落差超过10米，周径约50米。尤为奇特的是，在龙王宝座中部还有一个巨大的空洞，据说里面可以容纳15人左右。还有那黄龙洞的标志——“定海神针”，也值得一提。它生长在崩塌的斜坡上，高达19.2米，是黄龙洞最高的一根石笋。而且，它的形状十分奇特，两端粗，中间细，最细处直径只有0.1米。就是这根石笋，洞穴学家推算它至少需要近二十万年才长到今天这样高，并且，它还尚在生长发育期间，估计需要6万年才可以“顶天立地”。